MÉTODO DE ESPAÑOL PARA EXTRANJEROS

PRISMA

CONTINÚA

PRISMA DEL ALUMNO

Equipo prisma

Edi numen

NIVEL A2

Equipo prisma: Águeda Alba, Ana Arámbol, María Cristina Blanco, Raquel Blanco, Isabel Bueso, Gloria María Caballero, Ana Dante, Esther Fernández, Óscar Gómez, Raquel Gómez, Ainhoa Larrañaga, Adelaida Martín, Ramón Martín, Silvia Nicolás, Carlos Oliva, Isabel Pardo, Marisa Reig, Marisol Rollán, María Ruiz de Gauna, Ruth Vázquez, Fausto Zamora

© Editorial Edinumen
© Autores de este nivel: Raquel Blanco, Raquel Gómez, Silvia Nicolás, Carlos Oliva,
  Marisa Reig, María Ruiz de Gauna y Ruth Vázquez
  Coordinadores del nivel A2: Raquel Gómez y Carlos Oliva

ISBN: 978-84-95986-14-6
Depósito Legal: M-8348-2009
Impreso en España
Printed in Spain

Coordinación pedagógica:
  María José Gelabert

Coordinación editorial:
  Mar Menéndez

Ilustraciones:
  Miguel Alcón y Carlos Casado

Diseño de cubierta:
  Juan V. Camuñas y Juanjo López

Diseño y maquetación:
  Juanjo López

Fotografías:
  Archivo Edinumen, Stephane Benain, Jacobo Morales, Carlos Ortiz, Javier Leal y
  Fernando Ramos Jr.

Impresión:
  Gráficas Glodami. Coslada (Madrid)

Agradecimientos:
  A todas las personas y entidades que nos han aportado sugerencias, fotografías e imágenes y, de manera especial, a Ana Puig Repullo, Casimiro Moreno y Diario Hoy.

Instituto Cervantes

Este método se ha realizado de acuerdo con el Plan Curricular del Instituto Cervantes, en virtud del Convenio suscrito el 3 de agosto de 2001

La marca del Instituto Cervantes y su logotipo son propiedad exclusiva del Instituto Cervantes

Editorial Edinumen
José Celestino Mutis, 4. 28028 - Madrid
Teléfono: 91 308 51 42
Fax: 91 319 93 09
e-mail: edinumen@edinumen.es
www.edinumen.es

MÉTODO DE ESPAÑOL PARA EXTRANJEROS

PRISMA

CONTINÚA (A2)

introducción

PRISMA es un método de español para extranjeros estructurado en **6 niveles: Comienza (A1), Continúa (A2), Progresa (B1), Avanza (B2), Consolida (C1)** y **Perfecciona (C2)**, según los requerimientos del *Marco de referencia europeo* y del *Plan Curricular del Instituto Cervantes*.

El *Marco de referencia europeo* nos proporciona una base común para la elaboración de programas de lenguas, orientaciones curriculares, exámenes, manuales... en toda Europa. Describe de forma integradora lo que tienen que llevar a cabo los estudiantes de lenguas con el fin de utilizar una lengua para comunicarse, así como los conocimientos y las destrezas que deben desarrollar para poder actuar de manera eficaz y el contexto donde se sitúa la lengua. El *Marco de referencia* define, asimismo, niveles de dominio lingüístico que permiten comprobar el progreso de los alumnos en cada fase del aprendizaje. Al ofrecer una base común para la descripción explícita de los objetivos, el contenido y los métodos, el *Marco de referencia* favorece la transparencia de los cursos, los programas y las titulaciones, fomentando de esta forma la cooperación internacional en el campo de las lenguas modernas.

PRISMA aúna diferentes tendencias metodológicas desde una perspectiva comunicativa, con lo cual se persigue atender a la diversidad de discentes y docentes. El objetivo general de **PRISMA** es dotar al estudiante de las estrategias y conocimientos necesarios para desenvolverse en un ambiente hispano en el que convergen diferentes culturas a uno y otro lado del Atlántico.

PRISMA Continúa (A2) se compone de **PRISMA del alumno (90** horas**), PRISMA de ejercicios (60** horas**), PRISMA del profesor (60** horas**)** y **CD** de audiciones.

En **PRISMA Continúa (A2, Plataforma)** el estudiante empieza a desenvolverse en situaciones sociales; corresponde al nivel elemental. El alumno aprende a:

- Utilizar fórmulas de cortesía habituales.

- Desenvolverse en intercambios sociales breves.

- Discutir asuntos prácticos de la vida diaria.

- Describir actividades presentes o pasadas de experiencias personales. Describir objetos y lugares.

A través de las actividades presentadas en los diferentes ámbitos (personal, público, profesional y educativo), se lleva al estudiante a adquirir una competencia comunicativa propia de su nivel (tanto en lengua oral como en lengua escrita) para:

- Interactuar en actividades corrientes en un intercambio directo de información.

- Contar su vida personal y de las personas que le rodean, sus condiciones de vida, su trabajo, etc.

- Describir experiencias y hechos en el pasado, de manera sencilla.

- Comprender todo lo relacionado con los temas de interés personal.
- Captar la idea principal de textos sencillos y mensajes.
- Comprender textos escritos y encontrar información específica y predecible.
- Escribir textos breves referidos a su ámbito personal.
- Escribir cartas personales que tienen que ver con sus necesidades inmediatas.

Cada unidad didáctica tiene autonomía, pero recoge contenidos gramaticales, léxicos y funcionales de unidades anteriores (retroalimentación). Cada actividad va acompañada de unos iconos que marcan la destreza que se va a trabajar (leer, escribir, escuchar, hablar), así como la distribución de clase sugerida por los autores (solo, parejas, grupos pequeños, grupo de clase), también aparece un icono cuando se requiere una explicación del profesor (siempre presente en el libro del profesor) o un juego.

PRISMA del alumno consta de doce unidades más dos de repaso y abarca unas **90** horas lectivas.

Cada unidad didáctica se desarrolla atendiendo a:

- **Integración de destrezas:** una gran parte de las actividades están planteadas para llevarse a cabo en parejas o grupo con el fin de potenciar la interacción, la comunicación y la interculturalidad.

- **Hispanoamérica:** se deja sentir en los contenidos culturales que aparecen en textos y audiciones, lo que permite hacer reflexionar al estudiante sobre la diversidad del español, como lengua y como prisma de culturas.

- **Gramática:** se presenta de forma inductiva y deductiva para que los estudiantes construyan las reglas gramaticales basándose en su experiencia de aprendizaje o dando una regla general que deben aplicar dependiendo de la frecuencia, rentabilidad o complejidad de los contenidos.

- **Autoevaluación:** se sugieren tanto actividades conducentes a que el estudiante evalúe su proceso de aprendizaje como actividades que potencien y expliciten las estrategias de aprendizaje y comunicación.

PRISMA del profesor abarca unas **60** horas lectivas y recoge:

- **Propuestas, alternativas y explicaciones** para la explotación de las actividades presentadas en el libro del alumno, prestando especial atención al **componente cultural y pragmático**, con el fin de que el estudiante adquiera un aprendizaje global.

- **Fichas fotocopiables,** tanto de refuerzo gramatical como para desarrollar situaciones comunicativas o tareas, dentro y fuera del aula, para que el estudiante tome conciencia de la diferencia de los intereses individuales, de su visión del mundo y, en consecuencia, de su aprendizaje.

- **Material para transparencias** de apoyo para el proceso de enseñanza/aprendizaje.

- **Apéndice de ortografía** con ejercicios prácticos.

- **Transcripciones** de las audiciones.

- **Claves** de los ejercicios.

Equipo prisma

índice de contenidos

Unidad 1 9

Contenidos funcionales	Contenidos gramaticales	Contenidos léxicos	Contenidos culturales
• Contrastar y comparar informaciones • Organizar el discurso y ampliar información • Expresar opinión, acuerdo y desacuerdo	• Revisión del presente de indicativo • Nexos de coherencia y cohesión textual: *y, pero, es decir, en primer lugar* • Oraciones de relativo: *que, donde*	• Ocio: vivir la noche • Expresiones de la jerga juvenil • La televisión y la radio	• El ocio en España • Los medios de comunicación en España: la radio y la televisión • Literatura: Mario Benedetti

Unidad 2 23

Contenidos funcionales	Contenidos gramaticales	Contenidos léxicos	Contenidos culturales

• Identificar, definir y describir personas, objetos y lugares
• Localizar personas, objetos y lugares
• Agradecer (por escrito)
• Presentar a otro
• Saludar, responder al saludo y despedirse. Poner excusas
• Manifestar cómo se encuentra uno
• Hablar por teléfono
	• Contraste *ser/estar*
	• Verbos de movimiento con preposición *(a, de, en)*
	  – *ir/venir*
	  – *irse/llegar*
	• Complemento directo de persona; preposición *a*
		• Léxico de las relaciones sociales	• El saludo en España. Despedirse a la española
			• Comunicación no verbal: gestos relacionados con el saludo
			• Literatura: Lope de Vega
			• Los "asustaniños" en el mundo hispano

Unidad 3 35

Contenidos funcionales	Contenidos gramaticales	Contenidos léxicos	Contenidos culturales
• Narrar acciones en pasado	• Pretérito indefinido: morfología (formas regulares e irregulares) y usos • *Volver + a* + infinitivo • Marcadores temporales	• Los viajes • Las vacaciones	• Turismo en Cuba • La inmigración en España • Literatura: Gonzalo Torrente Ballester

Unidad 4 47

Contenidos funcionales	Contenidos gramaticales	Contenidos léxicos	Contenidos culturales
• Describir o narrar acciones en pasado • Describir experiencias o situaciones personales y el número de veces que se ha hecho algo • Valorar una acción	• Pretérito perfecto: morfología y usos en España e Hispanoamérica • Marcadores temporales • Pronombres y adjetivos indefinidos • Pronombre neutro: *lo* • Pronombres de objeto indirecto • Doble construcción: objeto directo/objeto indirecto	• Experiencias personales de ocio y tiempo libre • Sucesos	• Literatura: Antonio Machado

Unidad 5 59

Contenidos funcionales	Contenidos gramaticales	Contenidos léxicos	Contenidos culturales
• Hablar de hechos históricos • Informar del tiempo que separa dos acciones pasadas • Hablar de la vida de alguien • Pedir y dar información sobre el currículum vítae • Contar anécdotas	• Pretérito indefinido: formas irregulares (3.ª singular y plural: e>i, o>u, i>y) • Marcadores temporales: *al cabo de/a los/después de* • Contraste pretérito perfecto/pretérito indefinido	• Hechos históricos • El currículum vítae	• Biografías: Miguel de Cervantes, Pablo Ruiz Picasso, Isabel Allende, Francisco de Goya y Lucientes, Pilar Miró • La "Nova Trova Cubana" y Silvio Rodríguez • Literatura: Lucía Etxebarría • Pintura: Francisco de Goya y Lucientes

Revisión 1-5 71

Contenidos funcionales	Contenidos gramaticales	Contenidos léxicos	Contenidos culturales
• Saludar informalmente • Presentarse y despedirse formalmente • Contar anécdotas en un período de tiempo terminado y no terminado	• Presentes regulares e irregulares • Contraste pretérito perfecto/pretérito indefinido	• Internet • El correo electrónico	• Internet, *Atrapados en la red* de Tam Tam Go!

Unidad 6 75

Contenidos funcionales	Contenidos gramaticales	Contenidos léxicos	Contenidos culturales
• Disculparse • Expresar decepción o desilusión. Lamentarse • Hacer cumplidos y responder • Expresar sorpresa y entusiasmo • Expresar aburrimiento • Decir que no se puede hacer algo • Recordar a otros que hay algo que hacer y comprobar si alguien se ha acordado de hacer algo • Transmitir información • Expresar obligación	• ¡*Qué* + sustantivo + *tan/más* + adjetivo! • Apócope del adjetivo: *bueno, malo, primero, tercero, grande* • Comparativos • Superlativos • El estilo indirecto	• Acontecimientos sociales: la boda • Los cumplidos	• La interacción en España • La ceremonia de la boda en España • Los gitanos en España • La boda gitana • Literatura: Federico García Lorca

Unidad 7 89

Contenidos funcionales	Contenidos gramaticales	Contenidos léxicos	Contenidos culturales
• Descripción de hábitos y costumbres en pasado • Descripción de personas, animales y objetos en pasado • Hablar de las circunstancias en las que se desarrolló un acontecimiento	• Pretérito imperfecto: morfología y usos • Contraste presente/pretérito imperfecto • Marcadores temporales: *antes/ahora* • *Soler* + infinitivo • Adverbios y expresiones de frecuencia	• La casa: el trabajo doméstico • La escuela • Etapas históricas • Inventos y descubrimientos	• El desempeño de las labores domésticas en la España actual • La escuela española de mediados del siglo XX • Literatura: Pablo Neruda, Ana María Matute • Civilizaciones relacionadas con el mundo hispano: mayas, íberos, aztecas y griegos

Unidad 8 101

Contenidos funcionales	Contenidos gramaticales	Contenidos léxicos	Contenidos culturales
• Hablar del pasado • Relacionar dos momentos del pasado • Hablar de la duración de una acción en el pasado	• Contraste pretérito indefinido/pretérito perfecto/pretérito imperfecto • *Antes de/después de/hace/desde hace/* verbo *durar/durante*	• La Historia • Introducción al lenguaje político	• Historia contemporánea de España: la dictadura franquista y la transición • Literatura: Max Aub

Unidad 9 111

Contenidos funcionales	Contenidos gramaticales	Contenidos léxicos	Contenidos culturales
• Narrar en un periodo de tiempo terminado y no terminado • Describir las circunstancias de los hechos del pasado • Hablar de la primera vez que hiciste algo	• Contraste pretérito indefinido/pretérito perfecto/pretérito imperfecto • *Estar* (imperfecto) + gerundio	• Las noticias, la prensa • Los cuentos	• Literatura: Rafael Sánchez Ferlosio, José Agustín Goytisolo

Unidad 10 123

Contenidos funcionales	Contenidos gramaticales	Contenidos léxicos	Contenidos culturales
• Hacer conjeturas • Hablar de algo sin precisar • Hacer promesas • Justificarnos • Hablar de acciones futuras que dependen de una condición • Hacer predicciones	• Futuro imperfecto: morfología y usos • Expresiones de tiempo futuro • *Es que* • *Si* + presente de indicativo + futuro imperfecto	• La publicidad • Léxico relacionado con la ciudad y un nuevo medio de transporte	• La baraja española • Literatura: Isabel Allende • Chile

Revisión 6-10 133

Contenidos funcionales	Contenidos gramaticales	Contenidos léxicos	Contenidos culturales
• Contar anécdotas en un periodo de tiempo terminado y no terminado • Descripción de personas, animales y objetos en pasado • Describir las circunstancias de los hechos del pasado • Hacer conjeturas • Hablar de algo sin precisar	• Pretérito imperfecto • Contraste pretérito perfecto/indefinido/imperfecto • *Soler* (imperfecto) + infinitivo • Expresiones y adverbios de frecuencia • *Estar* (imperfecto) + gerundio • Futuro imperfecto	• Los cuentos • Adjetivos de descripción física y de carácter	• Frases hechas de los cuentos infantiles en España

Unidad 11 137

Contenidos funcionales	Contenidos gramaticales	Contenidos léxicos	Contenidos culturales
• Hacer conjeturas en pasado • Dar consejos y sugerencias • Referirnos al futuro respecto al pasado • Expresar cortesía	• Condicional simple: morfología y usos	• El consultorio • La farmacia	• Literatura: Fernando del Paso, Don Juan Manuel

Contenidos funcionales	Contenidos gramaticales	Contenidos léxicos	Contenidos culturales
• Pedir y conceder permiso • Expresar prohibición • Dar consejos o recomendaciones • Dar órdenes o instrucciones • Expresar deseos o peticiones • Invitar u ofrecer	• Imperativo afirmativo • Imperativo negativo • Morfología del presente de subjuntivo • Introducción a los usos del subjuntivo	• Las tareas domésticas • La vida familiar: normas de convivencia • Aprender un idioma	• Literatura: Ricardo León • Paseo musical por el mundo hispano

Nota: se incluyen los contenidos culturales tanto de PRISMA del alumno como de PRISMA del profesor.

En el método se han usado los siguientes símbolos gráficos:

 Trabajo individual

 Hablar

 Audio
[1]   [Número de la grabación]

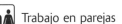 Trabajo en parejas

 Escribir

 Léxico

 Trabajo en pequeño grupo

 Leer

 Profesor

 Trabajo en gran grupo o puesta en común

Jugar

 Tareas para realizar en casa

Unidad 1

Contenidos funcionales
- Contrastar y comparar informaciones
- Organizar el discurso y ampliar información
- Expresar opinión, acuerdo y desacuerdo

Contenidos gramaticales
- Revisión del presente de indicativo
- Nexos de coherencia y cohesión textual: *y, pero, es decir, en primer lugar*
- Oraciones de relativo: *que, donde*

Contenidos léxicos
- Ocio: vivir la noche
- Expresiones de la jerga juvenil
- La televisión y la radio

Contenidos culturales
- El ocio en España
- Los medios de comunicación en España: la radio y la televisión
- Literatura: Mario Benedetti

1 ¡Vamos de marcha!

1.1. ¿Qué te sugiere esta foto? ¿Dónde van? ¿Qué van a hacer? ¿Qué hora es?... Con tu compañero, haz hipótesis sobre las intenciones de las personas de la foto.

1.1.1. Ahora, lee el siguiente texto:

Tres reporteros salen de marcha por tres ciudades con tres grupos de jóvenes que intentan gastar lo menos posible. El "botellón" tiene tres cosas buenas: bebes muy barato, puedes charlar y haces turismo. Por eso triunfa en Sevilla. Huesca es un chollo. En Vigo, se dan un homenaje. Es viernes. Empieza la fiesta...

"Son las 23.30 h. Al final somos los de siempre, ocho chicos y tres chicas mayores de 18 años. Vamos al mismo quiosco de todos los fines de semana y compramos las bebidas. Cada uno pone 4,20 euros para el bote. Así empieza la noche en cualquier plaza o calle, esperando que esta sea la noche de nuestras vidas".

Adaptado de *El País de las Tentaciones*, suplemento semanal de *El País*.

1.1.2. ¿Has entendido el texto? Discute con tu compañero qué titular te parece más adecuado para este artículo.

En Vigo empieza la fiesta

La noche en los bolsillos

El chollo de Huesca lleva a tres reporteros a salir de marcha

La estrella de TV conocida por "El Botellón" triunfa en Sevilla

1.1.3. [icon] [icon] **Relaciona:**

1	Reportero •	• a	Periodista
2	Salir de marcha •	• b	Término juvenil para hablar de la bebida
3	Gastar •	• c	Hablar
4	Charlar •	• d	Usar dinero para algo
5	Chollo •	• e	Muy barato
6	Darse un homenaje •	• f	Divertirse
7	"Botellón" •	• g	Darse un capricho

1.1.4. [icon] [icon] **Subraya los verbos del texto y separa en dos columnas los verbos regulares de los irregulares:**

regulares	irregulares

1.2. [icon] [icon] Ahora, vas a escuchar a dos jóvenes hablando sobre lo que hacen en un día normal. Antes, decide si las siguientes afirmaciones son verdaderas o falsas. Luego, escucha y comprueba tus respuestas.

	Verdadero	Falso
1. La mayoría de los jóvenes españoles estudia.	☐	☐
2. Todos los jóvenes españoles viven independientes.	☐	☐
3. Los bares, discotecas, etc., cierran a las 12 de la noche.	☐	☐
4. Los jóvenes españoles no tienen mucho interés en divertirse.	☐	☐
5. Los jóvenes buscan trabajos para tener dinero y poder salir.	☐	☐

1.2.1. [icon] [icon] Ahora, escucha y comprueba las respuestas.
[1]

1.2.2. [icon] [icon] ¿Hacéis vosotros lo mismo? ¿Qué os llama la atención? Comentad las diferencias.

1.2.3. [icon] [icon] Ahora, lee el diálogo que acabas de escuchar y subraya los verbos irregulares que aparecen en presente de indicativo.

Entrevistadora: Bueno, Pablo, cuéntame qué haces en un día normal.

Pablo: Estudio y trabajo. ¡Es muy duro! Entre semana duermo poco porque tengo que levantarme a las seis de la mañana para ir a la facultad. Por la tarde, si puedo, vuelvo a casa para comer: ¡No hay nada como la comida de casa! Salgo de nuevo a las cuatro y voy a mi trabajo.

Entrevistadora: ¿Y los fines de semana?

Pablo: ¡Ah! Eso es distinto. Me levanto tarde... Bueno, tarde..., a las diez o así. Algunas veces doy una vuelta con mis amigos antes de comer o vienen a mi casa. Por la tarde, prefiero no salir porque a las once empieza la marcha.

CONTINÚA ⋯⋯▸

Entrevistadora: ¿Hasta qué hora?

Pablo: Ehhh..., bueno, tarde, hasta las seis o las siete de la mañana.

Entrevistadora: Sí, es bastante tarde. Bueno, y tú, Laura, ¿qué haces un día normal?

Laura: Yo no quiero trabajar durante la semana. Prefiero dedicar todo el tiempo a estudiar. Hago Económicas en la Universidad Autónoma. De todas formas, los fines de semana trabajo en un supermercado de cajera. Así, con lo que me pagan, no pido dinero a nadie.

Entrevistadora: Entonces, ¿los fines de semana no sales?

Laura: Sí, por la noche. Solo que no puedo estar hasta las seis como Pablo porque al día siguiente me tengo que levantar pronto. ¡Pero me divierto mucho, ¿eh?! Lo que me gusta es ir a sitios nuevos porque así conozco a otra gente. Si no, es un rollo.

Entrevistadora: ¿Estáis contentos con vuestra vida?

Pablo: Yo sí estoy contento, la verdad. Vivo con mi familia, pero no se meten en mi vida. Hago lo que quiero... No sé... Si las cosas siguen así, al terminar la carrera..., sabes que estudio Informática en la universidad, ¿verdad?, cojo un pequeño local y me pongo por mi cuenta.

Laura: ¡Qué deprisa vas! Eres un optimista. Yo no veo las cosas tan claras. El trabajo está muy mal y...

1.2.4. 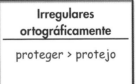 **Comprueba con tu compañero si tenéis los mismos verbos. Ahora, clasificadlos en el cuadro siguiente según su irregularidad. Tienes un modelo de cada uno para ayudarte:**

Irregularidad vocálica e>ie	Irregularidad vocálica o>ue	Irregularidad vocálica e>i	Irregularidad en primera persona singular
cerrar > cierro	acostarse > me acuesto	servir > sirvo	traducir > traduzco

Más de una irregularidad	Totalmente irregulares	Irregulares ortográficamente
oír > oigo, oyes...	ser > soy	proteger > protejo

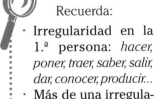

Recuerda:

· Irregularidad en la 1.ª persona: *hacer, poner, traer, saber, salir, dar, conocer, producir...*
· Más de una irregularidad: *tener, decir, venir, oler, oír...*
· Irregularidad total: *ir, ser...*

1.2.5. 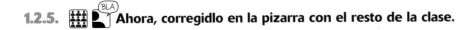 **Ahora, corregidlo en la pizarra con el resto de la clase.**

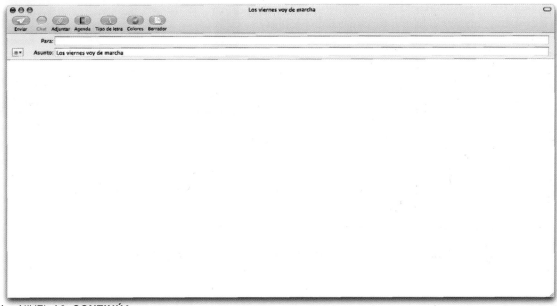**Completa estos cuadros:**

pienso			juego
piensas	vuelves		
		pide	
pensamos			jugamos
	volvéis	pedís	
	vuelven		juegan

tengo	digo		
		vienes	hueles
tiene			
	decimos		
	dicen		

oigo		soy	
		eres	
oye			está
	vamos		
			estáis
	van		

1.3. Escribe a tus amigos un correo electrónico contándoles lo que haces por las noches cuando sales de marcha.

2 ¿Pagamos a pachas?

2.1.  Responde a estas preguntas antes de leer el texto y comprueba después de la lectura si has acertado. Justifica tus respuestas.

	Antes de leer	Después de leer
1. ¿Crees que los españoles se divierten todos de la misma manera?		
2. ¿Van todos a los mismos sitios?		
3. ¿A qué hora crees que suelen empezar los adultos sus noches de marcha?		
4. ¿Qué quiere decir "poner bote"?		
5. ¿Coinciden en alguna afición jóvenes y adultos?		

2.1.1. Ahora, lee el siguiente texto:

DOS MUNDOS DE DIVERSIÓN

Según los datos proporcionados por la empresa ENCUESTEL, S.A. sobre una encuesta realizada en varias ciudades españolas, la forma de divertirse de los jóvenes y adultos es muy diferente.

Tanto unos **como** otros prefieren salir a quedarse en casa; la diferencia estriba en la hora de volver. Los adultos suelen volver sobre las dos o tres de la mañana, **en cambio**, los jóvenes optan por aprovechar hasta la mañana siguiente, **así que** la mayoría suele cenar en casa para poder gastar libremente el poco dinero que tienen, o que sus padres les dan, en la larga noche que les espera, "haciendo botellón" en las calles y plazas, para rematar la noche en un pub o en una discoteca.

En segundo lugar, los que van llegando a los treinta y los más mayores prefieren ir a cenar con los amigos a un restaurante, o bien tapear en medio de conversaciones que se entremezclan unas con otras y que dan comienzo a una noche llena de vida. **Por esta razón**, suelen reunirse antes, a eso de las nueve o las diez de la noche, principalmente porque les gusta salir a cenar a un restaurante. Cena, tapas, pinchitos..., el adulto siempre acompaña sus copas con algo de comida.

Además, son diferentes los locales a los que acuden. **Por un lado**, jóvenes y treintañeros van de copeo a bares, discotecas y, como señalábamos más arriba, muchos al aire libre. Estos locales se encuentran en zonas peatonales que permiten ir de bar en bar sin andar mucho.

Por otro lado, los adultos prefieren lugares cerrados (excepto en verano, donde todos, sin distinción

CONTINÚA ···

de edades, acuden a las terrazas), **es decir**, ambientes más tranquilos, para poder charlar y pasar una noche agradable con los amigos.

A lo que no se resiste ningún grupo de edad es a la afición por el cine; la sesión preferida es la de la noche.

Y, de igual manera que hay distintas maneras de diversión, **también** hay diferentes costumbres a la hora de pagar. Está el "bote", forma de pago frecuente entre jóvenes y adultos que consiste en aportar una cantidad establecida por todo el grupo para pagar lo que se consume. Pagar a medias, o "a escote", es más bien para cuando van a comer o cenar en grupo. Si se trata de consumiciones más pequeñas, lo normal es que unas veces invite uno y después otro: está mal visto pagar cada uno su consumición y además es más práctico y cómodo, **aunque** existe el peligro de que alguno no pague en toda la noche.

En definitiva, para los jóvenes y adultos cada fin de semana es único; unos disfrutarán del cine, otros tapeando o bailando, **pero** la mayoría sale a la calle y se divierte.

2.1.2. **Aquí tienes tres definiciones de algunos términos y expresiones que aparecen en el texto. Solo una es correcta. Puedes usar el diccionario.**

1. Optar por
   - a. Elegir
   - b. Obligar a alguien a hacer algo
   - c. Rechazar algo

2. Hacer botellón
   - a. Botella grande
   - b. De la palabra bote: dar un gran salto
   - c. Una forma de diversión de los jóvenes

3. Ir de copeo
   - a. Ganar trofeos
   - b. Beber vasos de vino u otros
   - c. Tener una colección de copas

4. Tapear
   - a. Cubrir
   - b. Cerrar la parte superior de un recipiente
   - c. Tomar aperitivos

5. Poner bote
   - a. Forma de pago
   - b. Guardar algo
   - c. Poner algo en una lata

6. Rematar
   - a. Volver a matar
   - b. Terminar algo
   - c. Empezar algo

7. Invitar
   - a. Celebrar algo
   - b. Pagar la consumición
   - c. Tomar una consumición

8. Pagar a escote
   - a. Pagar algo a plazos
   - b. Pagar cada uno su consumición
   - c. Pagar a medias

2.1.3. 👥 ✏️ Hay palabras que sirven para organizar y unir el discurso. En el texto 2.1.1. tienes varias de estas palabras en negrita. Con tu compañero, clasifícalas según la función que creéis que realizan:

SIGNIFICADO	NEXOS
Comenzar el discurso	
Añadir información	
Introducir una idea contraria	
Expresar consecuencia	
Aclarar la información	
Ordenar las ideas	
Comparar	
Finalizar el discurso	

2.1.4. 👥 🔤 Ahora, clasificad estos otros nexos en el cuadro anterior. Podéis consultar el diccionario. Luego, comparad el resultado con el resto de la clase.

- Por una parte... por otra (parte)
- Finalmente
- De esta manera
- En resumen
- Por tanto
- Más... que
- Menos... que
- Asimismo
- Sin embargo
- O sea
- Por el contrario
- Para empezar

2.1.5. 👤 ✏️ Completa:

- Para organizar un discurso o un texto utilizamos las palabras **(1)** .... para introducir un tema.

- A continuación, si se quiere ordenar la información empleamos los nexos **(2)** ....

- Si necesitamos añadir información, lo hacemos mediante las palabras **(3)** .... Para oponer información usamos los nexos **(4)** .... Para explicar algo de lo que se ha dicho anteriormente lo señalamos con **(5)** .... Si queremos continuar con nuestra explicación o aportar una consecuencia empleamos las palabras **(6)** ....

- Para comparar podemos utilizar **(7)** ....

- Para terminar nuestro discurso lo hacemos mediante los términos **(8)** ....

2.2. 👥 💬 ¿Os han sorprendido los datos de la encuesta del 2.1.1.? ¿En vuestro país hay también diferentes formas de divertirse según la edad? En grupos, discutid este punto. Uno de vosotros será el portavoz para tomar notas de las ideas más importantes a las que ha llegado el grupo. Haced una puesta en común con el resto de los grupos para llegar a una conclusión final.

2.2.1. 👥 ✏️ Imaginad que sois redactores de un periódico para jóvenes de vuestro país. Escribid un pequeño artículo con los datos del ejercicio 2.2. No olvidéis usar los nexos que habéis aprendido para que el texto tenga sentido. Corregidlo con el profesor y elegid el mejor artículo.

3.1. Contesta a las preguntas.

¿CONOCES PROGRAMAS DE RADIO Y TELEVISIÓN ESPAÑOLES O HISPANOAMERICANOS?

¿CUÁLES? ¿TE GUSTAN?

¿QUÉ ES MÁS IMPORTANTE EN RADIO Y TELEVISIÓN, LA CALIDAD O LA VARIEDAD?

¿POR QUÉ?

¿QUÉ CREES QUE SIGNIFICA "TELEBASURA"?

3.1.1. Relaciona los programas con su definición.

1. Documentales   2. Telenovelas   3. Concursos   4. Informativos

a. Programas en que las personas compiten por un premio.

b. Series, normalmente sudamericanas, hechas con pocos medios, que hablan de poder, amor y dinero.

c. Cuentan cómo viven los animales salvajes, cómo es una cultura determinada, etc.

d. Noticias de actualidad. Lo que pasa en el mundo.

3.1.2. Lee las siguientes palabras y pregunta a tu compañero el significado de las que no entiendes o búscalas en el diccionario.

Un medio de comunicación	Una programación	Un anuncio de publicidad
Un canal	La audiencia	Un documental
El telespectador	Una película	El oyente
Una cadena	Un concurso	Un abonado
Una emisora	Un debate	

3.1.3. 🧑 📖 **Ahora, lee este texto sobre los medios de comunicación en España. Anota la idea principal de cada párrafo.**

La televisión y la radio

Actualmente, en España existen cinco canales nacionales. Dos públicos: *TVE1* (Televisión española, La primera) y *La 2*, y tres privados: *Antena 3, Tele 5 y Canal Plus* (esta última de horario restringido para los no abonados). También hay cadenas de televisión autonómicas: *Telemadrid* (Madrid), *Canal Sur* (Andalucía), *ETB*, (País Vasco), *TV3* (Cataluña), *Canal 9* (Valencia), *TVG* (Galicia). Además, hay televisiones locales.

idea principal:

En principio, se podría pensar que la calidad está en la variedad, pero esta no es la opinión de muchos españoles. Hoy, la televisión es criticada por parte del público. Es frecuente oír hablar de *Telebasura* para definir la calidad de las programaciones de las distintas cadenas. El problema está, por una parte, en la dura competencia que hay entre ellas para conseguir el número uno en audiencia y, por otra, en que se olvida que la televisión es un medio importante para transmitir cultura y conocimiento.

Así pues, muchos telespectadores están hartos de películas malas, de programas para llorar –*reality shows*–, de concursos para tontos y, por último, no soportan las agresiones publicitarias.

idea principal:

Sin embargo, la televisión española también tiene programas interesantes. La cadena que nos ofrece mayor número de emisiones de calidad es *La 2*, dedicada a espacios culturales, educativos, buenos documentales sobre el mundo y un original y excelente programa de noticias por la noche; también un ciclo de cine y teatro españoles y películas en versión original, así como concursos interesantes.

idea principal:

En cuanto a la radio, hay numerosas emisoras para todos los gustos, pero las de mayor audiencia son: *Radio Nacional de España* (RNE1), *Cadena Ser, La Cope y Onda Cero*. Estas emisoras ofrecen programas variados: noticias, programas de entretenimiento, concursos, debates y música. Los programas más importantes son los matinales, que suelen empezar a las siete de la mañana y duran hasta mediodía.

idea principal:

El programa líder es *Hoy por hoy*, de Iñaki Gabilondo, donde se dan las últimas noticias, se hacen entrevistas a personajes de actualidad, debates, espacios humorísticos y, sobre todo, se emiten opiniones del público oyente. Dos programas alternativos y originales son los que realiza *Gomaespuma*, una pareja de periodistas que cuentan las noticias transformándolas con una gran dosis de humor, y *La Monda*, realizado por el equipo de *Europa FM*.

idea principal:

Por otra parte, hay cadenas especializadas en música, como *Los 40 principales, Cadena Dial* (con música solo en español), *Radio Olé* (dedicada a la canción española), *Radio 3 POP, M 80 grandes éxitos* y varias dedicadas a música clásica. También hay una cadena dedicada exclusivamente a dar noticias, *Radio 5 Todo noticias* (RNE). Y una emisora especializada en temas económicos *(Inter Economía)*, otra de deportes *(Radio Marca)*...

idea principal:

3.1.4. 👫 ✏ **Vuelve a leer el texto y clasifica:**

Cadenas de televisión	Emisoras de radio	Programas

Para referirse a un nombre que ha aparecido anteriormente en el discurso, puedes usar:

· Nombre + **que** + frase   **Ejemplo:** *Una emisora de radio **que** solo pone música clásica.*

Si el nombre es un lugar, puedes usar:

· Nombre + **donde** + frase   **Ejemplo:** *Es el restaurante **donde** comemos después de clase.*

3.2. 👤 ✏ **Relaciona y localiza las frases en el texto de los medios de comunicación.**

1 La cadena •
2 Los programas •
3 Periodistas •
4 El programa •

+ que
  donde

· **a** cuentan las noticias con gran dosis de humor.

· **b** suelen empezar a las 7 y duran hasta las 11:30.

· **c** nos ofrece emisiones de calidad.

· **d** se dan las últimas noticias.

3.3. 👤 ✏ **¿Qué programa es? Piensa en un programa de radio o televisión. Descríbelo sin decir de qué programa se trata. A ver si tus compañeros lo adivinan.**

Ejemplo: *Es un programa **que** tiene mucho éxito y **donde** los participantes cantan...*

3.4. 👤 🎧 **Esta audición habla de los españoles y su relación con los medios de comuni-**
[2] **cación. Decide si las siguientes afirmaciones son verdaderas o falsas. Justifica tus respuestas.**

	Verdadero	Falso
1. El autor se despierta escuchando la radio.	☐	☐
2. En el coche, cuando va al trabajo, oye música.	☐	☐
3. Lee la prensa por la noche.	☐	☐
4. La revista semanal que compra tiene noticias diferentes.	☐	☐
5. Para el autor, la realidad es como una novela.	☐	☐
6. La información del mundo ocupa el tiempo de las personas e impide que piensen en su vida y su realidad.	☐	☐
7. Aquí el verbo *dominar* es sinónimo de *controlar*.	☐	☐

3.5. **Haz este test a tu compañero y comparad después vuestros resultados. ¿Cuántos teleadictos hay en clase?**

¿Eres teleadicto?

La televisión se ha convertido casi en un objeto de primera necesidad. Es muy distinto utilizarla de forma adecuada a depender de ella. ¿Tienes tú el mismo problema?

1. **¿Sueles retrasar tu hora de acostarte para terminar de ver la película?**
   - ☐ **a.** Nunca; si tengo sueño, me voy a dormir.
   - ☐ **b.** Alguna vez, si es muy buena y/o no tengo que levantarme pronto.
   - ☐ **c.** No me gusta, pero me pasa con frecuencia.

2. **¿Crees que ver la televisión es una forma de pasar la tarde de los sábados?**
   - ☐ **a.** Sí, eso hago normalmente.
   - ☐ **b.** No, pienso que es una forma de perder el tiempo.
   - ☐ **c.** Sí, si no tengo nada que hacer, hace mal tiempo o estoy enfermo.

3. **¿Cuándo ves la televisión?**
   - ☐ **a.** Cuando hay un programa que me interesa.
   - ☐ **b.** Nunca o casi nunca.
   - ☐ **c.** Cuando estoy en casa.

4. **¿No vas al cine, no sales con los amigos, no trabajas, no haces deporte, no charlas con la familia o no estudias para poder ver la televisión?**
   - ☐ **a.** Nunca.
   - ☐ **b.** Alguna vez, sobre todo si estoy hecho polvo.
   - ☐ **c.** Sí, pero es que no puedo evitar verla.

5. **¿Se enfadan contigo porque ves demasiado la tele?**
   - ☐ **a.** No, al contrario. Me dicen que estoy desconectado.
   - ☐ **b.** Sí, es verdad, a veces tienen razón.
   - ☐ **c.** No, no se enfadan.

6. **¿Cómo eliges los programas que ves en la televisión?**
   - ☐ **a.** O ya los conozco o miro la programación en el periódico.
   - ☐ **b.** No selecciono porque casi no veo la tele.
   - ☐ **c.** Hago *zapping* hasta encontrar algo que me gusta.

7. **¿Cuánto tiempo al día pasas viendo la tele?**
   - ☐ **a.** Varias horas.
   - ☐ **b.** Prácticamente nada.
   - ☐ **c.** Más o menos lo que dura una película.

Predominio de a: Tú eres todo lo contrario a un teleadicto, casi odias la televisión. Te parece inútil, aburrida, una pérdida de tiempo o simplemente mala. Pero como todo el mundo la ve, a veces te encuentras un poco fuera de onda.

Predominio de b: Formas parte de ese grupo que usa adecuadamente la televisión. Es para ti una forma de ocio o fuente de información y sabes lo que quieres ver.

Predominio de c: Desgraciadamente, estás atrapado por la televisión. Pierdes demasiado tiempo y abandonas otras cosas por estar delante del televisor, entonces no disfrutas ni aprendes nada. ¿Por qué no haces otras cosas?

3.6. **Lee las siguientes opiniones. Después, escucha y relaciona la opinión con el [3] diálogo.**

diálogo

1. Los únicos programas interesantes de la tele son los deportes y los informativos. ☐

2. No opina. ☐

3. Le gustan los programas del corazón, los que hablan y muestran la vida de los demás. ☐

4. Dice que no tiene televisión. ☐

5. No ve la tele demasiado. Algunas películas y los informativos. ☐

3.7. Aquí tenéis las viñetas desordenadas de una historia. En parejas deberéis darles un orden y explicar vuestra historia al resto de la clase.

3.7.1. ¿Qué moraleja puedes sacar de la historia que cuentan las viñetas? Da tu opinión sobre la influencia de la televisión y sus consecuencias.

1. ¿Qué dificultades has tenido en esta unidad?

¿Dónde has encontrado dificultad?

☐ a. En la gramática   ¿Por qué? ....
☐ b. En los textos   ....
☐ c. En las audiciones   ....
☐ d. En las redacciones   ....
☐ e. Otros ....

· Para comprender mejor un texto largo, recoge la idea principal de cada párrafo. Así tendrás una idea clara y ordenada de lo que lees. Puedes escribir la idea principal al margen, a la derecha del texto.

· Cuando no sabes una palabra en español, antes de traducir o buscar en el diccionario intenta definirla. Ahora puedes: *Es una persona que tiene muchos años, que es el padre de mi padre...*

2. Responde a las siguientes preguntas. Te puede ayudar a aprender a aprender.

a. He comprendido los textos escritos después de leerlos .... veces

b. He necesitado la ayuda del diccionario y lo he usado   ☐ Sí   ☐ No

c. He comprendido el sentido general de la audición   ☐ Sí   ☐ No

d. He tenido que leer la transcripción para entenderla   ☐ Sí   ☐ No

e. Antes de escribir el artículo he hecho un esquema   ☐ Sí   ☐ No

f. En esta unidad he aprendido bien:

☐ a escribir textos con sentido usando algunos nexos.   ☐ el presente irregular.
☐ el léxico sobre el lenguaje juvenil.   ☐ a dar opiniones.

g. Debo repasar:

☐ los nexos.   ☐ el presente irregular.   ☐ el léxico.

3. Después de estudiar la unidad, ¿puedes escribir un pequeño texto que resuma la forma de divertirse de los jóvenes españoles? Tienes que incluir los siguientes nexos:

y • pero • es decir • en resumen

Si escribes un esquema y elaboras un borrador de tus composiciones, tendrás menos faltas y podrás rectificar todo lo que quieras antes de hacer el texto definitivo.

Unidad 2

Contenidos funcionales
- Identificar, definir y describir personas, objetos y lugares
- Localizar personas, objetos y lugares
- Agradecer (por escrito)
- Presentar a otro
- Saludar, responder al saludo y despedirse. Poner excusas
- Manifestar cómo se encuentra uno
- Hablar por teléfono

Contenidos gramaticales
- Contraste *ser/estar*
- Verbos de movimiento con preposición *(a, de, en)*
    - *ir/venir*
    - *irse/llegar*
- Complemento directo de persona; preposición *a*

Contenidos léxicos
- Léxico de las relaciones sociales

Contenidos culturales
- El saludo en España. Despedirse a la española
- Comunicación no verbal: gestos relacionados con el saludo
- Literatura: Lope de Vega
- Los "asustaniños" en el mundo hispano

1 ¿**Está** Pedro?

1.1. Contesta a las preguntas y comenta las respuestas con tus compañeros.

- ¿Te gusta hablar por teléfono?
- ¿Has hablado por teléfono en español alguna vez?
- ¿Qué dificultades tienes en una conversación telefónica?
- Además del teléfono, ¿qué medios usas con frecuencia para comunicarte con amigos y colegas?
- ¿Crees que el teléfono puede sustituir una conversación en persona?

1.2. Las siguientes frases y expresiones son fórmulas que usamos habitualmente cuando hablamos por teléfono. Con tu compañero, clasifícalas en el cuadro según su función dentro de la conversación.

- Nos vemos
- Hola
- Buenos días
- Bueno, te dejo
- Dígame
- ¿Sí?
- Hasta luego
- Pues eso es todo. Muchas gracias
- ¿Está Javier?
- Buenas tardes, ¿podría hablar con la Sra. Rodríguez?
- ¿Se encuentra Marga?*
- ¿Aló?*
- ¿De parte de quién?
- ¿Quién lo llama?

Saludar	Despedirse	Contestar al teléfono	Preguntar por alguien	Preguntar por la identidad de la persona que llama

1.3. Vas a escuchar una conversación telefónica, pero antes completa el diálogo con [4] algunas de las expresiones del ejercicio 1.2. ¿Coincide tu versión con la audición?

▷ ....
▶ ¡Hola!, soy Nuria.
▷ Hombre, Nuria, ¿cómo estás?
▶ Bien, bien. Bastante liada... ya sabes... como siempre. ¿Y tú?, ¿qué tal?
▷ Pues yo, ahora, estoy mucho más tranquila. ¡Ah!, claro, no lo sabes, pero ya estoy trabajando desde casa y la verdad es que es más relajado. Me encanta.
▶ Eso es estupendo. Oye, ...
▷ Pues no, hija. Todavía no ha llegado. Seguro que está aún en la oficina, ¿le digo algo?
▶ Que es pesadísimo y que me llame alguna vez, que soy su hermana.
▷ Vale. Oye, ¿vienes el sábado a comer?
▶ No, no, venís vosotros a casa, que tengo una sorpresa...
▷ ¡Uy!, ¡qué misterios! Venga, vale, ... el sábado.

1.3.1. 👥 ✏️ **Subraya todos los verbos *ser* y *estar* del texto y fíjate con qué palabras aparecen. Después, completa el cuadro con tu compañero y tendréis los usos de *ser* y *estar*.**

Ser

- **Sirve para:**
  - Identificar:

    Soy Nuria.

(1)

  - Decir la nacionalidad:

    Es danés.

  - Decir la profesión:

    Somos médicos.

  - Hablar de características inherentes a una cosa, lugar o persona:

    El cielo es azul.

    Buenos Aires es grande.

    Mi amiga es alta.

  - Valorar un hecho, una cosa o a una persona:

    Trabajar en casa es más relajado.

(2)
(3)

  - Decir la hora:

    Son las diez de la mañana.

  - Marcar una fracción o periodo de tiempo:

    Es de día.

    Es lunes.

    Es primavera.

  - Referirse a la celebración de un acontecimiento o suceso:

    La fiesta es en mi casa.

Estar

- **Sirve para:**
  - Ubicar o localizar cosas, lugares y a personas:

(a) ¿	?
(b)	

  - Hablar del estado físico y de ánimo:

    Está deprimido.

(c) ¿	?
(d)	

  - Marcar el resultado de una acción o el fin de un proceso:

    La puerta está abierta.

    Está muerto.

  - Con gerundio, marca una acción en desarrollo:

    Marta está durmiendo.

(e)

  - Precede a *bien* y *mal*:

    La carta está bien.

    Los ejercicios están mal.

  - Con la preposición *de* indica un trabajo temporal:

    Está de camarero.

  - En primera persona de plural se usa para situarnos en el tiempo:

    Estamos a 3 de mayo.

    Estamos en otoño.

1.4. 👨‍👩‍👧 ⓔ **Tira el dado y di si la frase es correcta.**

1.5. En español, podemos decir que alguien *es bueno* o *está bueno*. Fíjate en la diferencia: una persona *es buena* cuando tiene un carácter dulce y buenos sentimientos. Se dice que una persona *está buena* cuando es guapa, atractiva.

Muchos años después, la experiencia me enseñó a agradecerle al idioma que hablo la clara diferencia que establece entre el verbo *ser* y el verbo *estar*, porque, desde luego, no es lo mismo ser una tía buena que ser una tía que está buena, pero en aquella época yo tenía todas las ventajas, porque a nadie le impresionan las chicas de dieciséis años y medio, y normalmente todas las adolescentes son guapas (...) y no tenía demasiado tiempo para pensar porque me estaba jugando el examen de Historia.

Adaptado de *Atlas de geografía humana*, Almudena Grandes.

1.5.1. Ahora, coloca los adjetivos en su lugar y tendrás la diferencia de significado con *ser* o *estar*.

> malo/a • listo/a • claro/a • verde • negro/a
> bueno/a • rico/a • cerrado/a • abierto/a

Ser — **Estar**

Ser		Estar
Una cosa de buena calidad > Una persona honesta >	bueno/a	< Una comida o producto de buen sabor < Una persona atractiva
Una persona inteligente >		< Una persona o cosa que está preparada para algo
Color de las plantas y otras cosas >		< Algo inmaduro o alguien inexperto
Algo que es evidente >		< Una explicación o concepto sencillo
Persona con mal carácter y malas intenciones > Cosa de mala calidad >		< Persona enferma < Cosa en malas condiciones, estropeada < Alimento de mal sabor
Persona extrovertida, comunicativa, tolerante y sociable >		< No está cerrado < Resultado de la acción de abrir
Persona con mucho dinero >		< Alimento con mucho sabor
Persona introvertida >		< Objeto o lugar que no está abierto < Resultado de la acción de cerrar
Color de la noche y otras cosas >		< Estar muy moreno después de tomar el sol < Estar sucio, no limpio < Estar enfadado o harto

1.5.2. Transforma las frases utilizando las expresiones estudiadas en el ejercicio anterior manteniendo su significado.

1. *Marga es una persona sociable y tolerante* ....

2. *Jaime se ha enfadado muchísimo* ....

3. *No sé nada de Matemáticas* ....

4. *Los tomates todavía no están maduros* ....

5. *Estamos preparados para empezar* ....

6. *Juanito tiene gripe* ....

CONTINÚA ····▶

7. *Son las 9 y la tienda abre a las 10* ....

8. *Es evidente que no podemos esperar* ....

9. *Tu hijo es muy introvertido, ¿no?* ....

10. *Este pescado es de muy buena calidad* ....

1.5.3. **Estás buscando pareja porque te encuentras muy solo. Describe cómo eres tú y la persona que buscas.**

Tú

Nacionalidad: ....

Profesión: ....

Características físicas y de carácter: ....

....

....

Estado físico y de ánimo: ....

....

....

La persona que buscas

Nacionalidad: ....

Profesión: ....

Características físicas y de carácter: ....

....

....

Estado físico y de ánimo: ....

....

....

1.5.4. **Ahora, busca en la clase a ver si encuentras a esa persona ideal.**

De **dónde** venimos y **adónde** vamos 2

2.1. **Lee las frases y relaciona preguntas y respuestas.**

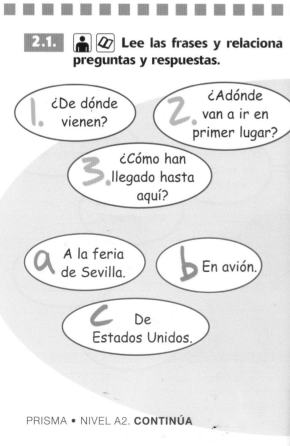

1. ¿De dónde vienen?

2. ¿Adónde van a ir en primer lugar?

3. ¿Cómo han llegado hasta aquí?

a. A la feria de Sevilla.

b. En avión.

c. De Estados Unidos.

Verbos de movimiento con preposición *a / de / en*

- **ir + a:** dirección.

    *Voy **a** Segovia el sábado.*

- **irse + de:** abandono de un lugar.

    *Me voy **de** Madrid el domingo.*

- **ir + en:** medio de transporte. Excepto ***ir a pie***.

    *Voy **en** tren porque es más barato.*

- **llegar + a:** destino.

    *Llego **a** Segovia el sábado.*

- **venir + a:** destino, que coincide con el lugar donde está la persona que habla.

    *Rosa: Pepe viene **a** Segovia el sábado.*
    (Rosa está en Segovia).

- **llegar/venir + de:** origen.

    El avión que acaba de aterrizar
    *llega/viene **de** Londres.*

2.2. Sitúate en un punto del plano y elige tres lugares a los que vas a ir. Explícale a tu compañero de dónde sales, adónde vas y cómo vas.

Ejemplo: *Salgo de la biblioteca y voy en metro al cine, luego...*

2.3. Haz estas preguntas a tu compañero y anota sus respuestas.

¿De dónde vienes cuando llegas a la escuela?

¿A qué hora te vas de la escuela?

¿Vienes a la escuela esta tarde?

¿A qué hora llegas a clase?

¿Cómo vienes a la escuela?

¿Vas a Segovia el sábado?

¿De dónde viene tu nombre?

UNIDAD **2** • PRISMA

2.4. [icons] **Escribid frases con *ir, venir, llegar* y las preposiciones *a, en, de*. Vuestros compañeros tendrán que decir si las frases son correctas o no.**

2.5. [icons] **Tu compañero está un poco sordo. Haz como en el ejemplo.**

Ponemos la preposición ***a*** delante de un complemento directo de persona. También con el pronombre interrogativo *quién, quiénes*.

► *Ayer vi **a** tu padre.*
▷ *¿**A** quién?*
► ***A** tu padre.*

alumno a

1. Voy a buscar a mi hermano al aeropuerto.
2. Esta tarde veo a unos amigos.
3. ¿Llamas a tus padres?

alumno b

1. Todos los días traigo a Sergio en el coche.
2. ¿Acompañas a Luis a la puerta?
3. Siempre me encuentro a mis tíos en el cine.

Relaciones sociales 3

3.1. [icons] **Lee esta carta de agradecimiento:**

Madrid, 25 de abril de 2007

Querido Pancho:

Muchísimas gracias por el regalo; me encanta. Los llevo a todas partes, solo me los quito en la ducha. ¿Cómo has sabido que necesitaba unos?

Ha sido realmente una sorpresa, de verdad. Gracias.

Un saludo y hasta pronto,

Miguel

Cartas de agradecimiento

- **Fecha**
- **Saludo**
  Querido + nombre:

- **Fórmula para agradecer**
  Gracias por...
  Te escribo para darte las gracias por...

- **Despedida**
  Un beso y hasta pronto,
  Un saludo,

3.2. [icons] **Lee otra vez la carta. ¿Cuál ha sido el regalo? Aquí tienes una pista: Pancho sabe que a Miguel le encanta escuchar música en todas partes.**

3.3. [icons] **Escribe ahora tú una carta de agradecimiento por un regalo que has recibido, pero no menciones qué es. Tus compañeros tienen que adivinar de qué regalo se trata.**

3.4. 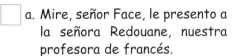 **Relaciona las frases con las fotos.**

1.

> Mucho gusto.

> Encantada.

2.

> Hola.

> Hola, ¿qué tal?

3.

> El gusto es mío.

> Mucho gusto, señora Redouane.

4.

> ¿Qué hay? ¿Cómo estás?

> Hola, ¿qué tal?

☐ a. Mire, señor Face, le presento a la señora Redouane, nuestra profesora de francés.

☐ b. Luigi, mira, te presento a Carla Rossi, una compañera de trabajo.

☐ c. ¡Hombre, Jorge! Mira, te voy a presentar a un chico majísimo... Luis... Jorge.

☐ d. Mira, Fernando, esta chica tan simpática es Sofía, mi compañera de piso.

Para presentar de manera informal, usa:

· *(Mira), este/a + es + nombre + relación que tienes con la persona presentada + (descripción de su carácter).*

Ejemplo: *Mira, esta es Olga, una amiga mía muy simpática.*

Para presentar de manera formal, usa:

· *(Mira), te presento a + nombre + relación que tienes con la persona presentada.*

Ejemplo: *Mira, te presento a Luis, un compañero de trabajo.*

· *(Mire), le presento a la Sra./al Sr. + apellido + relación que tienes con la persona presentada.*

Ejemplo: *Mire, le presento a la Sra. Ramos, mi secretaria.*

Reacción a una presentación:

· Informal
> *¡Hola!*
> *¡Hola! ¿Qué tal?*

· Formal
> *Encantado/a.*
> *Mucho gusto.*

3.4.1. ⬛ 🎧 **Escucha y comprueba.**
[5]

3.5. 🧍 🔤 **Relaciona los adjetivos con sus contrarios.**

1 Interesante •	• **a** Simpático
2 Guapo •	• **b** Desagradable
3 Tímido •	• **c** Abierto
4 Majo •	• **d** Feo
5 Antipático •	• **e** Aburrido

3.6. 👥 🗨️ **Describe el carácter de una persona de la clase. Tus compañeros tienen que adivinar de quién se trata.**

3.7. 👫 🗨️ **Ahora, uno de vosotros va a presentar a otro, diciendo una cosa positiva de su caracter:**

Ejemplo: ▶ *Mira, te presento a Jaime. Es profesor de español, es muy majo.*

▷ *Hola, ¿qué tal? Yo soy Jane.*

▶ *Muchas gracias por el piropo. Hola, Jane, encantado.*

3.8. 🧍 🎧 **Escucha a Ana que habla sobre el saludo en España y ordena los fragmentos.**
[6]

○ Normalmente, cuando se saluda se dan dos besos entre mujeres, y entre hombres y mujeres. Los hombres se dan la mano y se tocan en el hombro, la espalda e incluso la cabeza o el estómago, dando palmaditas. También pueden hacer como que se pegan. Los hombres solo se besan si son familia. Si se felicitan por algo se dan un abrazo, también en momentos de tristeza.

○ En España se toca mucho a la persona cuando se la saluda, durante la conversación y al despedirse. Las distancias entre los interlocutores son pequeñas. Los españoles son muy expresivos.

○ Las mujeres en España, si son amigas o familia, pueden ir por la calle agarradas del brazo o cogidas de la mano. Los hombres pueden pasear con la mano sobre el hombro.
No existen los besos en los saludos muy formales u oficiales, tratos de negocios o personas muy mayores de diferentes sexos.

○ Es importante tener en cuenta que en España las despedidas son largas. Normalmente la gente se despide varias veces. Se usan palabras como: ¡Venga!, ¡Vale!, ¡Pues eso! ¡Lo dicho!, Que... luego te llamo, Nos vemos mañana, etc., para anunciar a la otra persona que la conversación está casi terminada y que va a despedirse.

3.9. 👥 🗨️ **Lee ahora el texto y contrasta el saludo en España con el saludo en tu país. Ahora, cuenta a la clase las diferencias que hay.**

Manifestar cómo se encuentra uno y responder al saludo

Saludar a la española

Además de *Hola, ¿qué tal?; Buenos días, ¿cómo está/s?,* hay otras formas de saludar:

¿Qué hay?; ¿Cómo andas?; ¿Qué pasa?; ¿Cómo te va?; Buenas...

- *Genial*
- *Fenomenal*
- *De maravilla*
- *Guay*

¿Y tú?

- *Bien*
- *Como siempre*
- *Aquí estamos*
- *Tirando*
- *Ya ves, tirando*
- *(Nada) Aquí...*

¿Y tú qué tal?

- *Vaya, no muy bien*
- *Fatal*
- *De pena*
- *Desesperado*
- *Así, así...*
- *Regular*

¿Y a ti, qué tal te va?

Despedirse a la española

Se pueden dar diferentes situaciones:

- No sabes en qué momento volverás a ver a la otra persona:

  ¡Adiós!; ¡Hasta luego!   *¡Nos vemos!*
  ¡Que te vaya bien!   *¡Hasta pronto!*
  ¡Hasta otro día!

- Volverás a ver a la otra persona en un futuro inmediato:

  ¡Hasta ahora!   *¡Hasta luego!*
  ¡Hasta mañana/el domingo...!

- No sabes si volverás a ver a la otra persona en un futuro inmediato:

  ¡Hasta otra, y a ver cuándo quedamos!   *¡Adiós! ¡Llámame!*
  ¡Hasta la vista! ¡Un día de estos te llamo!

3.9.1. **Ahora, escucha a estas personas que se saludan y pon en el tipo de respuesta el saludo que oigas:** 😊 😐 😞
[7]

	1	2	3	4	5
Persona A	😐				
Persona B					

3.9.2. **Reacciona a los saludos de tu compañero y di cómo te encuentras, según el estado de ánimo que te indicamos más abajo.**

- Feliz
- Cansado
- Aburrido
- Agobiado por el trabajo
- Desesperado
- Apático
- Contento de encontrarte con un antiguo amigo
- ...

3.10. 👤 📖 **Más información sobre el saludo en España.**

En España el saludo normalmente es el inicio de una conversación. Si la persona no tiene tiempo de pararse a hablar, le da al interlocutor múltiples excusas y explicaciones.

Para poner excusas y dar explicaciones, puedes usar:

Perdona, tengo muchísima prisa, luego te llamo...
Lo siento. No puedo pararme a hablar, de verdad. Es que...
Lo siento mucho, pero + explicar dónde vas o qué vas a hacer.
Lo siento mucho, pero me cierra el banco y tengo que sacar dinero.

Si el saludo es a distancia, como por ejemplo de una acera a otra, o de un coche a otro, entonces utilizamos los gestos:

¡Ehhh! ¡Hola!

¿Qué tal?

Nos vemos luego.

Yo te llamo.

3.10.1. 👥 🗨 **Vamos a saludar y a comunicarnos con gestos. Cada uno de vosotros tiene unas situaciones que debe interpretar y, luego, reaccionar ante la interpretación de vuestro compañero.**

alumno a

★ Estás en el andén del metro y ves a tu compañero en el andén de enfrente. Lo saludas para captar su atención y le dices que luego lo llamas por teléfono.

★ Ves a lo lejos a un compañero que te saluda. Respóndele.

★ Pide a tu compañero por señas que te llame después, a las tres de la tarde.

★ Sales de una cafetería y ves a un antiguo amigo que te hace señas desde la parada del autobús. Intenta interpretar sus movimientos y contesta también por señas a lo que crees que dice.

★ Estás en un bar lleno de gente. Ves a lo lejos a un amigo, pero no te puedes acercar a él. Te mira y entonces tú lo saludas, le dices que os veis más tarde.

CONTINÚA ····┊····

alumno b

★ Estás en el metro. De repente ves a tu compañero en el otro andén. Te hace señas, ¿qué te dice? Contéstale.

★ Vas caminando por la calle y ves a lo lejos a tu compañero. Salúdale.

★ Dile a tu compañero que de acuerdo, que lo llamas a las 3.

★ Estás en la parada del autobús y ves a un antiguo amigo al otro lado de la calle. Le saludas, le dices que lo llamarás más tarde y que como viene el autobús le dices que te tienes que ir y te despides.

★ Estás en un bar lleno de gente. Un amigo te saluda desde lejos. Interpreta sus gestos y respóndele.

AUTOEVALUACIÓN   **AUTOEVALUACIÓN**   **AUTOEVALUACIÓN**

1. ¿Conoces los signos de puntuación? Relaciona cada signo con su nombre:

1	,	• a punto y coma
2	;	• b punto
3	:	• c guion
4	.	• d dos puntos
5	¿ ?	• e coma
6	¡ !	• f exclamación
7	( )	• g paréntesis
8	" "	• h interrogación
9	–	• i comillas

2. Puntúa el siguiente diálogo:

Alberto Hola Sofía qué tal
Sofía Alberto qué sorpresa bien bien y tú
Alberto Genial
Sofía Mira esta es Marga es mi prima
Alberto Hola
Marga Hola

3. Elige la opción correcta

1. La mesa .... de madera.
   ☐ a. es   ☐ b. está

2. .... todos bien, gracias, no te preocupes.
   ☐ a. Somos   ☐ b. Estamos

3. No tienes que decir nada, ... claro que el problema no es tuyo.
   ☐ a. es   ☐ b. está

4. ¿ .... dónde vienes?
   ☐ a. A   ☐ b. De   ☐ c. En

5. Mi hermano viaja siempre .... coche.
   ☐ a. a   ☐ b. de   ☐ c. en

6. Te espero .... el café.
   ☐ a. a   ☐ b. de   ☐ c. en

7. No vemos .... tus padres desde hace tiempo.
   ☐ a. a   ☐ b. de   ☐ c. en

4. Encuentra el intruso. Justifica tu respuesta:

a
checo • inteligente • contento
ingeniero • náutico

b
enfadado • deprimido • alegre
acabado • enfrente

c
a • de • en • y • por

d
genial • estupendamente
de maravilla • guay • así, así

Unidad 3

La Habana. Cuba

Contenidos funcionales
- Narrar acciones en pasado

Contenidos gramaticales
- Pretérito indefinido: morfología (formas regulares e irregulares) y usos
- *Volver* + *a* + infinitivo
- Marcadores temporales

Contenidos léxicos
- Los viajes
- Las vacaciones

Contenidos culturales
- Turismo en Cuba
- La inmigración en España
- Literatura: Gonzalo Torrente Ballester

1 De **vacaciones**

1.1. 👪 🅲 **Vamos a encontrar la palabra escondida. Decidle a vuestro profesor palabras de cinco letras relacionadas con el tema del epígrafe.**

☐ ☐ ☐ ☐ ☐

1.2. 👪 🗨 **¿Qué tienes que hacer antes de iniciar un viaje?**

Para viajar hay que...

1.3. 👪 🔤 **Lee la siguiente lista de palabras y marca en el cuadro todas las palabras que son comunes al léxico del aeropuerto, la estación de tren y la estación de autobuses.**

☒ el billete
☐ el conductor
☐ el maquinista
☐ la pista
☐ el andén
☐ la vía
☐ el pasajero
☐ la maleta
☐ la taquilla
☐ la aduana

☐ el piloto
☐ la dársena
☐ el vuelo
☐ la litera
☐ el viajero
☐ el revisor
☐ el equipaje
☐ la azafata
☐ el asiento
☐ los servicios

☐ el mostrador de información
☐ el mostrador de líneas aéreas
☐ la facturación de equipajes
☐ el panel de salidas y llegadas
☐ la puerta de embarque
☐ el control de pasaportes
☐ la bolsa de mano
☐ el coche cama
☐ la reserva
☐ la máquina de refrescos

1.3.1. 👪 ✏ **Ahora, clasifica las palabras específicas de cada lugar.**

Aeropuerto	Estación de autobuses	Estación de tren

1.4.  **Mira esta foto. ¿Qué ves? ¿Cuándo se sacó?**

2 de agosto de 2002

1.4.1. **Después de mirar la foto, imagina el viaje que esta pareja hizo y completa las siguientes frases:**

La pareja **fue** a ...., **salió** de .... y **llevó** .... maletas.

El vuelo en avión **duró** .... horas y **tuvieron** un .... viaje. En este paradisíaco lugar **estuvieron** .... días. **Se alojaron** en .... de cinco estrellas. Como **hizo** .... tiempo, **se bañaron** en .... todos los días, pero **quisieron** practicar .... y no **pudieron** porque no había .... **Visitaron** .... y ....

Les **gustaron** mucho los restaurantes: **comieron** .... y **bebieron** .... Además **conocieron** a .... Por eso **lo pasaron** ....

1.4.2. **¿Qué verbos en pretérito indefinido del texto anterior crees que son regulares? ¿E irregulares? Clasifícalos en las columnas de abajo.**

Verbos regulares	*Verbos irregulares*
Salió	Fue

Para narrar acciones pasadas

Pretérito indefinido:

- Se utiliza para expresar acciones pasadas en un periodo de tiempo terminado:

  Ejemplo: *Anoche estuve en el cine.*

  Llegó y cerró la puerta.

  Colón descubrió América el 12 de octubre de 1492.

- Para expresar acciones pasadas de desarrollo prolongado, pero limitado y cerrado:

  Ejemplo: *La boda duró 3 días.*

- Para expresar acciones que se han repetido en el pasado:

  Ejemplo: *El año pasado estuve cinco veces en México.*

Marcadores temporales:

- ***Anoche/Ayer/Anteanoche/El otro día***
- ***Hace*** *dos* ***días/semanas/****tres* ***meses****...*
- ***El*** *mes/año/verano...* ***pasado****.*
- ***En*** *1990/agosto/verano.*

Verbos regulares

	Verbos en -AR	Verbos en -ER	Verbos en -IR
Yo	via**jé**	com**í**	sal**í**
Tú	via**jaste**	com**iste**	sal**iste**
Él/ella/usted	via**jó**	com**ió**	sal**ió**
Nosotros/as	via**jamos**	com**imos**	sal**imos**
Vosotros/as	via**jasteis**	com**isteis**	sal**isteis**
Ellos/ellas/ustedes	via**jaron**	com**ieron**	sal**ieron**

Verbos irregulares

Ser / ir	Dar
fui	di
fuiste	diste
fue	dio
fuimos	dimos
fuisteis	disteis
fueron	dieron

1.5. 👥 ✏️ **Completa los cuadros con tu compañero.**

Estar	Tener	Poder	Poner
estuve			
			pusiste
estuvo			
	tuvimos		**pusimos**
estuvisteis			
		pudieron	

CONTINÚA ····▸

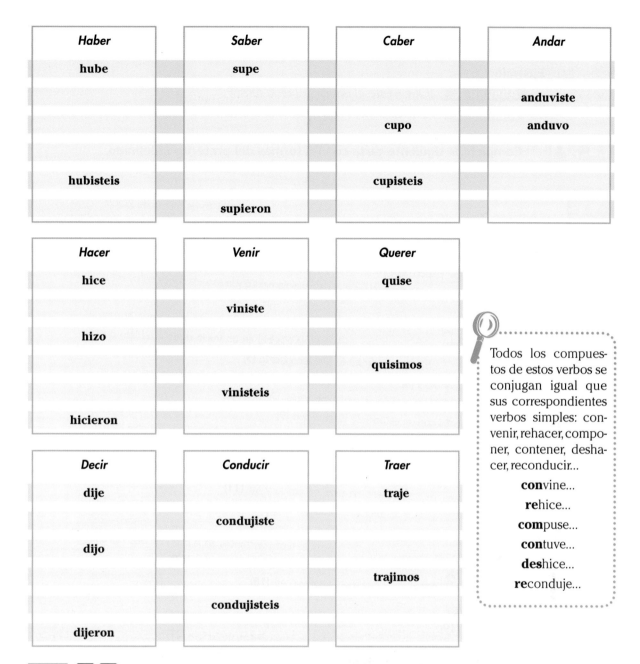

Haber	Saber	Caber	Andar
hube	supe		
			anduviste
		cupo	anduvo
hubisteis		cupisteis	
	supieron		

Hacer	Venir	Querer
hice		quise
	viniste	
hizo		
		quisimos
	vinisteis	
hicieron		

Decir	Conducir	Traer
dije		traje
	condujiste	
dijo		
		trajimos
	condujisteis	
dijeron		

Todos los compuestos de estos verbos se conjugan igual que sus correspondientes verbos simples: convenir, rehacer, componer, contener, deshacer, reconducir...

convine...
rehice...
compuse...
contuve...
deshice...
reconduje...

1.6. Ordena los siguientes marcadores temporales del recuadro por orden cronológico según la fecha de hoy.

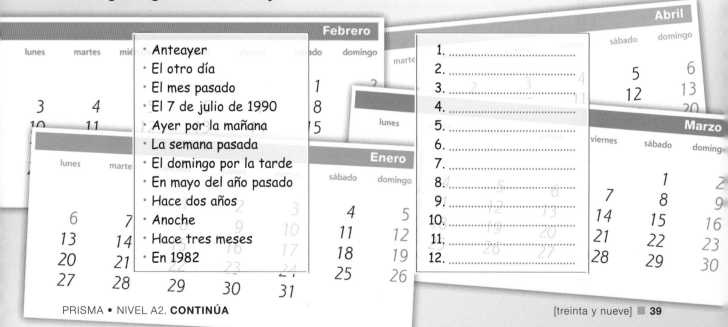

- Anteayer
- El otro día
- El mes pasado
- El 7 de julio de 1990
- Ayer por la mañana
- La semana pasada
- El domingo por la tarde
- En mayo del año pasado
- Hace dos años
- Anoche
- Hace tres meses
- En 1982

1. ....
2. ....
3. ....
4. ....
5. ....
6. ....
7. ....
8. ....
9. ....
10. ....
11. ....
12. ....

1.7. **Haz cinco preguntas a tu compañero utilizando las expresiones temporales que acabas de estudiar.**

Ejemplo:

Alumno A:	¿Qué hiciste el domingo por la tarde?
Alumno B:	Fui al cine a ver una película de miedo.

1.8. **Completa la siguiente carta con las formas del pretérito indefinido.**

Milán, 15 de marzo de 2007

¡Hola, Juan!

¿Qué tal estás? Espero que muy bien. Ayer **(1)** .... (recibir, yo) tu carta en la que me pides información sobre el viaje, el país, el alojamiento y la escuela donde estoy estudiando italiano.

Como sabes, **(2)** .... (llegar, yo) en enero para aprender italiano en una escuela privada. **(3)** .... (salir, yo) de Madrid en un vuelo directo a Milán que **(4)** .... (costar, a mí) 400 €. Del aeropuerto **(5)** .... (venir, yo) en autobús hasta el centro y **(6)** .... (tardar, yo) una hora en llegar a la residencia en la que **(7)** .... (alojarse, yo) al principio. Después **(8)** .... (alquilar, yo) un apartamento con un estudiante italiano que **(9)** .... (conocer, yo) a través de una amiga con la que **(10)** .... (hacer, yo) un intercambio. ¡Es otra forma buenísima de aprender italiano! Además, la escuela es muy buena y las clases son por la mañana. Por la tarde, hago turismo o suelo ir a la biblioteca a estudiar.

En Carnavales, mi compañero de piso, mi amiga y yo **(11)** .... (viajar) a Venecia y **(12)** .... (alojarse, nosotros) en el piso de unos amigos suyos universitarios. ¡Lo **(13)** .... (pasar, nosotros) genial! **(14)** .... (disfrazarse, nosotros), **(15)** .... (bailar, nosotros) hasta las tantas en la plaza de San Marcos, **(16)** .... (montar, nosotros) en góndola y durante esos días **(17)** .... (visitar, nosotros) muchos monumentos bellísimos. Allí **(18)** .... (estar, nosotros) tres días en total.

Al volver, **(19)** .... (pasar, nosotros) por Florencia y **(20)** .... (alojarse, nosotros) en un albergue juvenil. ¡Qué ciudad tan bonita y misteriosa! **(21)** .... (gustar, a mí) más que Venecia. **(22)** .... (ver, nosotros) la catedral y unos palacios preciosos. También **(23)** .... (conocer, nosotros) la casa de Miguel Ángel. **(24)** .... (encantar, a mí).

Italia es increíble. Tienes que venir a visitarnos.

¡Ciao!

Pepe

1.9. **Imagina que un amigo tuyo te pide información sobre tu estancia en España o en algún lugar del extranjero. Escríbele una carta en tu cuaderno similar a la que acabas de completar. Háblale del viaje, del alojamiento, de la escuela, de las excursiones y del país. No olvides utilizar el pretérito indefinido y el léxico aprendido al narrar tu viaje.**

2.1. Lee el siguiente cuestionario y contesta a las preguntas que te hacen sobre tu forma de viajar. Comprueba el resultado con las soluciones para saber qué tipo de viajero eres.

¿Turista o Viajero?

1. La última vez que viajaste, encontraste:
   - ☐ **a.** otras culturas.
   - ☐ **b.** diversión.
   - ☐ **c.** tranquilidad.

2. Tu lema fue:
   - ☐ **a.** familia y vacaciones.
   - ☐ **b.** diversión y libertinaje.
   - ☐ **c.** enriquecimiento cultural.

3. Entre las diferentes opciones para las vacaciones elegiste:
   - ☐ **a.** un hotel de lujo.
   - ☐ **b.** una tienda de campaña.
   - ☐ **c.** un viaje de aventuras y de deportes de riesgo.

4. Te perdiste en:
   - ☐ **a.** medio del desierto.
   - ☐ **b.** una gran ciudad.
   - ☐ **c.** un país exótico.

5. Cuando decidiste marcharte de vacaciones, optaste por:
   - ☐ **a.** países nuevos.
   - ☐ **b.** lugares con comodidad.
   - ☐ **c.** lugares ya visitados por tus amigos.

6. Llevaste en tu maleta:
   - ☐ **a.** cuaderno de notas y un boli.
   - ☐ **b.** un secador de pelo.
   - ☐ **c.** algo para escuchar música.

7. Cuando estuviste viajando, ¿dejaste propina en los taxis o en los restaurantes?
   - ☐ **a.** No, jamás.
   - ☐ **b.** Igual que en mi país.
   - ☐ **c.** Sí, generosas.

8. ¿Qué personaje protagonizaste en tu último viaje de ensueño?
   - ☐ **a.** Robinson Crusoe.
   - ☐ **b.** James Bond.
   - ☐ **c.** Obélix.

9. El viaje que hiciste fue para ti:
   - ☐ **a.** algo misterioso.
   - ☐ **b.** algo excitante.
   - ☐ **c.** algo peligroso.

10. ¿Cómo fueron aquellas vacaciones ideales?
    - ☐ **a.** Locas, muy locas.
    - ☐ **b.** Soleadas y relajantes.
    - ☐ **c.** Cultas y cansadas.

clave

5. a. 15	b. 10	c. 5	10. a. 10	b. 5	c. 15
4. a. 10	b. 5	c. 15	9. a. 10	b. 15	c. 5
3. a. 15	b. 10	c. 5	8. a. 10	b. 15	c. 5
2. a. 5	b. 10	c. 15	7. a. 5	b. 15	c. 10
1. a. 15	b. 5	c. 10	6. a. 15	b. 10	c. 5

soluciones

150-100: Enhorabuena, eres un viajero excepcional. Para ti, viajar es uno de los mejores placeres que hay en la vida. Normalmente aceptas riesgos. Tus viajes dependen de tus propias necesidades personales y no de los convencionalismos sociales. Disfrutas del momento.

95-75: Ni aventurero ni turista. Para ti, viajar es conocer sitios y no personas. Te gusta viajar, pero con comodidad. Eres viajero única y exclusivamente hasta donde te interesa y te conviene.

70-50: En principio, no te gusta viajar. En muy pocas ocasiones disfrutas plenamente de los sitios que conoces. Para ti, lo importante es la forma y no el contenido. O sea, que eres un turista.

2.1.1. Ahora, comenta los resultados con tu compañero. Cuéntale, después, cuál ha sido el peor viaje de tu vida.

2.2. [8] Escucha la siguiente conversación y marca lo que sea verdadero o falso. Justifica tu respuesta.

	Verdadero	Falso
1. Elena y su pareja llegaron el sábado a la sierra de Ronda.	☐	☐
2. Elena se alojó en un cortijo "con encanto".	☐	☐
3. Visitaron la catedral de Málaga.	☐	☐
4. Paula fue de camping.	☐	☐
5. En la costa levantina hizo muy mal tiempo.	☐	☐
6. Paula y su pareja hicieron autoestop.	☐	☐

> Recuerda el uso principal de las preposiciones **a**, **en** y **de**:
> - **a:** indica destino, dirección, movimiento
> - **en:** indica lugar o medio de transporte
> - **de:** indica origen
>
> **Ejemplo:** *Salí **de** La Coruña y fui **a** Málaga **en** tren. Estuve **en** casa de unos amigos durante todo el fin de semana y volví el lunes **a** La Coruña **en** avión.*

2.3.

alumno a

Averigua dónde pasó las últimas vacaciones tu compañero y qué tal le fueron. A continuación, tienes unas consignas para formularle preguntas adecuadas. Tu compañero tiene las respuestas.

alumno b

Contesta a tu compañero, de acuerdo a los símbolos que aparecen más abajo.

1. Lugar de vacaciones
   ¿Adónde fuiste las últimas vacaciones? ....

2. Día de salida
   ....

3. Medio de transporte
   ....

4. Duración del viaje
   ....

5. Personas que te acompañaron
   ....

6. Alojamiento
   ....

7. Actividades
   ....

8. Duración de la estancia
   ....

9. Valoración
   ....

1. Fui a Mallorca.

2.4. **Todo viajero que se precie tiene un cuaderno de viajes con fotos y recuerdos de anécdotas vividas. ¿Por qué no les cuentas a tus compañeros el viaje tan maravilloso que hiciste? Si quieres, puedes acompañar tu relato con algunas de tus fotos. Aquí tienes una lista de verbos que puedes usar:**

👍 Salir de	👍 Alojarse en	👍 Comer	👍 Conocer (a)
👍 Llegar a	👍 Visitar	👍 Beber	👍 Volver
👍 Estar en	👍 Ver	👍 Comprar	👍 Gustar

A vueltas con el pasado 3

3.1. **Vas a escuchar a algunos turistas que hablan de sus viajes por Sudamérica. Pon atención porque hay un verbo que repiten todos. ¿Cuál?**
[9]

3.1.1. **¿En cuál de estas tres estructuras aparece? Márcala.**

☐ 1. *volver* + gerundio   ☐ 2. *volver a* + infinitivo   ☐ 3. *volver* + participio

3.1.2. **¿Qué crees que expresa esta construcción? Elige una opción. Si es necesario, puedes escuchar de nuevo la audición.**

Expresa...

☐ ...futuro

☐ ...que algo nos gusta

☐ ...que regresamos a un sitio

☐ ...repetición de una acción

☐ ...que hacemos algo por primera vez

3.1.3. **Escucha de nuevo a los turistas, y escribe en la tabla qué es lo que volvieron a hacer durante sus vacaciones.**
[9]

Volvió a...

1.
2.
3.
4.
5.
6.
7.
8.

3.2. **¿Y tú?, ¿has repetido algún viaje o alguna actividad en tus últimas vacaciones? Escríbelo y, luego, cuéntaselo a tus compañeros.**

Estuve en el museo Picasso el año pasado y ayer volví a visitarlo porque la primera vez me gustó mucho.

3.3. 👥 ◈ **Hace un tiempo estuvisteis juntos de vacaciones en Cuba. Vais a contar a vuestros compañeros por qué elegisteis este país, qué ciudades visitasteis, vuestras experiencias en el viaje, etc. A continuación, tenéis información sobre el país. Leedla y comentadla con vuestro grupo, y, después, seguid las instrucciones de vuestro profesor.**

Cuba es la mayor de las islas del Caribe y fue descubierta por Cristóbal Colón en 1492. Antigua colonia española situada a la entrada de México, sus ciudades sorprenden por su arquitectura colonial, y las playas y los cayos, con variada fauna y flora, por sus aguas transparentes. Existen más de trescientas áreas protegidas que ocupan el 22% del territorio, además de cuatro zonas declaradas como reserva de la biosfera por la UNESCO. Su gente es amable y hospitalaria. El cubano es alegre y comunicativo.

Datos de interés:

Economía: turismo y la industria del azúcar de caña, tabaco, níquel, ron y café.

Idioma oficial: español.

Símbolos nacionales: la Mariposa Blanca (una flor), el Tocororo (un ave, de la familia del quetzal) y la Palma Real (un árbol).

Cultura: hay importantes manifestaciones artísticas y muchos creadores (escritores, bailarines, músicos...). La infraestructura cultural se compone de salas de teatro, museos, galerías de arte... Es sede de varios festivales y eventos internacionales como el Festival del Nuevo Cine Latinoamericano o el Festival de Ballet.

Artesanía: trabajos en piel, fibras vegetales, madera, piedra y productos del mar.

Clima: subtropical moderado. Tiene dos estaciones: la seca, de noviembre a abril, y la de lluvia, de mayo a octubre.

Temperatura media: 24° C.

Recomendaciones para el turista:

Moneda: el peso cubano. Se recomienda pagar con dólares estadounidenses.

Vestido y calzado: debe ser ligero (tejidos de algodón, pantalones cortos, sandalias...). Para el invierno se recomienda llevar una chaqueta o un jersey fino.

Transporte: es mejor moverse en taxi o en buses turísticos. Se puede alquilar un coche.

Se aconseja beber agua embotellada.
Es un país seguro, con bajo índice de criminalidad.

4.1. [10] Vamos a seguir hablando de viajes, pero ahora de otros muy distintos, de los que tiene que hacer mucha gente, obligada por la necesidad, en busca de un futuro mejor. Vas a escuchar a algunas personas que cuentan sus experiencias como emigrantes; toma nota, en la tabla que tienes, de los países de origen y de acogida de cada una de ellas.

	País de origen	País de acogida
1.		
2.		
3.		
4.		
5.		
6.		
7.		
8.		

4.1.1. [10] Vuelve a escuchar, pero ahora fíjate en cuánto tiempo estuvieron fuera de su país y en lo que hicieron durante ese tiempo para ganarse la vida.

	Duración	Actividad
1.		
2.		
3.		
4.		
5.		
6.		
7.		
8.		

4.1.2. ¿Y tú?, ¿conoces a alguna persona que haya vuelto a su país después de haber probado fortuna en otro?, ¿cómo fue su experiencia? Cuéntaselo a tus compañeros.

4.1.3. ¿Cómo imaginas el tema de la inmigración en España? Antes de leer el texto, di si estas afirmaciones son verdaderas o falsas. Luego lee el texto y, si es necesario, rectifica tus respuestas.

Antes de leer		Después de leer
V F	1. España es uno de los países de Europa con mayor número de inmigrantes.	V F
V F	2. Los inmigrantes desempeñan trabajos poco cualificados.	V F
V F	3. Las mujeres se dedican, mayoritariamente, al comercio.	V F
V F	4. Es frecuente que habiten en viviendas muy poco acondicionadas.	V F
V F	5. España es uno de los países más xenófobos del mundo.	V F

CONTINÚA ····:·

España, que durante siglos ha sido un país de emigrantes, se ha convertido desde su entrada en la Unión Europea en lugar de acogida de un número creciente de extranjeros. Aunque la proporción no es alta comparada con países como Australia, Canadá, Estados Unidos y Alemania, sin embargo, el aumento de nuestro ritmo de emigración es notable, y el de la inmigración ilegal, preocupante.

La inmigración ha aparecido como problema nacional cuando el número y proporción de extranjeros en España aún alcanza niveles reducidos. Según la publicación del Círculo de Empresarios, *El fenómeno de la inmigración: aportación a un debate,* son los EE. UU. los que más inmigrantes reciben, unos ochocientos mil anualmente, seguidos por Alemania con seiscientos mil anuales. España recibe unos noventa y cuatro mil inmigrantes legalmente al año, a los que hay que añadir un flujo de ilegales difícil de cifrar.

El inmigrante accede a puestos de trabajo caracterizados por la inestabilidad y los bajos salarios: el servicio doméstico para las mujeres y el trabajo como jornalero del campo para los hombres, con unas condiciones de trabajo duras. En cuanto a la vivienda, las condiciones son precarias ya que viven en espacios reducidos y, muy a menudo, en pobres condiciones higiénicas.

En cuanto a la integración sociocultural no existen problemas importantes. Los inmigrantes, en términos generales, aprenden el idioma y sus hijos están incorporados a los colegios públicos. Aunque existen brotes de violencia xenófoba en determinados ámbitos, la sociedad española es abierta y tolerante y existe un nivel de convivencia satisfactorio, en general. En todos los temas mencionados más arriba, se observan grados muy diferentes, que dependen en gran medida del país de origen de los inmigrantes. Actualmente, el colectivo más numeroso es el de magrebíes, seguido de latinoamericanos, europeos orientales y asiáticos.

Adaptado de http://www.elcato.org/schwartzp_spainimmig.htm
http://www.izquierda-unida.es/Publicaciones/InmigracionyAsilo/

4.1.4. ¿Qué te ha sorprendido más de lo que acabas de leer? ¿Es la situación similar en tu país? ¿En algún momento de la historia de tu país la emigración/inmigración ha sido un fenómeno importante? ¿Cuándo y por qué? Cuéntaselo a tus compañeros para poder hacer un interesante cambio de impresiones.

AUTOEVALUACIÓN

AUTOEVALUACIÓN   AUTOEVALUACIÓN   AUTOEVALUACIÓN

1. **De los siguientes verbos, marca los que sean irregulares en el pretérito indefinido.**

   ☐ a. hacer   ☐ b. llevar   ☐ c. decir   ☐ d. tomar   ☐ e. ser   ☐ f. dar

   ☐ g. estudiar ☐ h. traer   ☐ i. vivir   ☐ j. saber   ☐ k. pensar ☐ l. comer

2. **¿Cuáles de ellos te resulta más fácil recordar?**

3. **Escribe ocho palabras relacionadas con los viajes que hayas aprendido en esta unidad**

   ....

4. **¿Crees que hablar de viajes ha sido una buena forma de practicar el pretérito indefinido? ¿Qué otros temas se te ocurren con este mismo fin?**

AUTOEVALUACIÓN   AUTOEVALUACIÓN   AUTOEVALUACIÓN

Unidad 4

Mezquita de Córdoba. Córdoba, España

Contenidos funcionales

- Describir o narrar acciones en pasado
- Describir experiencias o situaciones personales y el número de veces que se ha hecho algo
- Valorar una acción

Contenidos gramaticales

- Pretérito perfecto: morfología y usos en España e Hispanoamérica
- Marcadores temporales
- Pronombres y adjetivos indefinidos
- Pronombre neutro: *lo*
- Pronombres de objeto indirecto
- Doble construcción: objeto directo / objeto indirecto

Contenidos léxicos

- Experiencias personales de ocio y tiempo libre
- Sucesos

Contenidos culturales

- Literatura: Antonio Machado

Noticias de **última hora**

1.1. 👪 🔤 **Esta mañana se ha cometido un crimen. La policía tiene estas pruebas:**

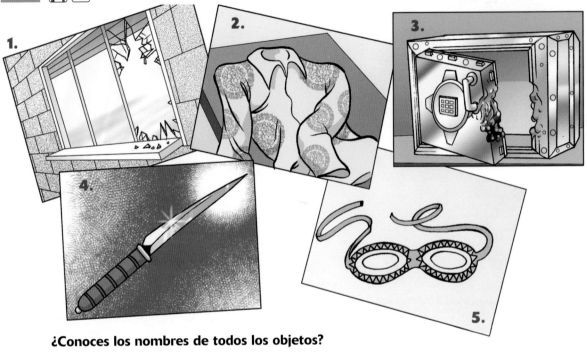

¿Conoces los nombres de todos los objetos?

1.2. 👥💬 **La víctima, Nicolás, estaba en su despacho. Dibuja, en el plano de abajo, una posible escena del crimen. Después, vais a reconstruir los hechos y explicarlos al resto de los compañeros.**

Ejemplo: *El ladrón ha roto los cristales de la ventana para entrar en el despacho. Luego...*

1.3. 👥 ✏ **Completa el cuadro y tendrás el paradigma del pretérito perfecto.**

	Presente de *haber* + participio verbos en **-ar**		Presente de *haber* + participio verbos en **-er**		Presente de *haber* + participio verbos en **-ir**	
Yo	he	hablado	he	comido		vivido
Tú	has	hablado		comido	has	vivido
Él/ella/usted		hablado	ha	comido	ha	vivido
Nosotros/as	hemos	hablado	hemos	comido		vivido
Vosotros/as	habéis	hablado		comido	habéis	vivido
Ellos/ellas/ustedes		hablado	han	comido	han	vivido

1.3.1. 👥 ✏ **Aquí tienes algunos participios irregulares: escribe junto al participio el infinitivo correspondiente.**

> cubrir • poner • decir • devolver • morir • romper • deshacer • hacer
> escribir • descubrir • volver • ver • componer • abrir

1. puesto ....
2. vuelto..........................
3. muerto ....
4. escrito ....
5. cubierto ....

6. roto ....
7. abierto ....
8. visto..........................
9. devuelto ....
10. compuesto ....

11. descubierto..........................
12. dicho ....
13. hecho..........................
14. deshecho ....

Pretérito perfecto (Presente del verbo *haber* + participio del verbo conjugado)

Este tiempo se utiliza principalmente para describir o narrar lo que ha pasado / has hecho:

- Describir o narrar acciones pasadas en un periodo de tiempo no terminado:

    Hoy he desayunado un café.

- Describir o narrar acciones pasadas en un periodo de tiempo terminado que el hablante considera cercano al presente (pasado "reciente"):

    Este verano lo he pasado muy bien.

- Para expresar la realización o no de un hecho en el pasado (hasta el presente) y su frecuencia:

    ▷ *¿Has estado alguna vez en Alemania?*
    ▶ *Sí, (he estado) muchas veces.*

⬢ **En algunos lugares de España e Hispanoamérica el uso del pretérito perfecto está restringido. Tu profesor te dará más información.**

Marcadores temporales

Son expresiones de tiempo que, generalmente, acompañan al pretérito perfecto.

- **Este** { fin de semana / mes / trimestre / semestre / año / verano / otoño / invierno

- **Esta** { tarde / mañana / semana / primavera

- **Hace** { menos de 24 horas / un instante / 10 minutos / un rato / un momento

> **Siempre, toda mi vida, muchas veces, varias veces, algunas veces, n.º de veces, ninguna vez, nunca, en la vida, jamás**

> **Ya ≠ Todavía no, aún no**

1.4. Relaciona las viñetas con las frases correspondientes. Piensa en el género y en el número de los nombres, pero también en el sentido de la frase.

☐ La ha roto de un golpe y la ha abierto de par en par.

☐ Los ha pisado y ha hecho mucho ruido.

☐ Nicolás lo ha visto y lo ha mirado sorprendido.

☐ Los ha informado de que han atacado a su marido.

☐ El ladrón lo ha atacado con un cuchillo.

☐ Se lo ha clavado varias veces en el pecho.

☐ La ha abierto.

☐ Lo ha visto dentro y lo ha robado.

☐ El asesino le ha pedido ayuda para escapar.

☐ Lo ha descubierto.

☐ La han tranquilizado.

☐ Le han pedido la descripción del ladrón.

☐ Lo han llevado a un depósito.

☐ Las han tomado.

☐ Los ha escrito.

☐ No lo han descubierto.

1.4.1. ¿Cuáles de los pronombres anteriores son de objeto directo? Completa la tabla.

1.4.2. Verás que hay otros pronombres que no han aparecido en ese cuadro. ¿Cuáles son? Completa el cuadro.

Pronombres de objeto directo

Pronombres sujeto	Pronombres átonos objeto directo
Yo	Me
Tú	Te
Él	lo
Ella	La
Usted	Lo/la
Nosotros/as	Nos
Vosotros/as	Os
Ellos	Los
Ellas	Las
Ustedes	los/las

Pronombres de objeto indirecto

Pronombres sujeto	Pronombres átonos objeto indirecto
Yo	Me
Tú	Te
Él	Le
Ella	Le
Usted	Le
Nosotros/as	Nos
Vosotros/as	Os
Ellos	Les
Ellas	Les
Ustedes	Les

1.4.3. 👥 ✏️ Completa:

- Los pronombres personales pueden ser de *reflexiva objeto* *directo*
  e *indirecto* . Los de objeto *directo* se refieren a personas,
  cosas o acciones ya mencionadas en otro momento:

  Ejemplo: *He leído el libro y* *lo* *he devuelto a la biblioteca.*

- Los pronombres de objeto *indirecto* se refieren generalmente a *personas*

  Ejemplo: *Me ha dado las gracias o* *me* *ha dado las gracias* *a mí.*

1.4.4. 👥 ✏️ Relaciona:

1	**Me la** ha dicho	•
2	**Lo** queremos mucho	• i
3	**Dáselas** a Maite de mi parte	• e
4	**Se lo** quiere quitar	• b
5	**Dáselo**	• g
6	**Hazlas**	• d
7	Vamos a ver**los**	• h
8	**Se lo** he dicho a tus padres	• f
9	Estoy preparándo**la**	• a

a	La comida
b	El juguete a su hermano
c	La verdad
d	Las maletas
e	Las gracias a ella
f	Que los espero a ellos
g	El libro a Jesús
h	A los monos
i	Al niño

1.4.5. 👥 ✏️ Completa:

- Los pronombres objeto directo e indirecto átonos aparecen delante del verbo conjugado pero
  detrás de *infin verbos infinitivos* *gerundio* e *imperativos* .Cuando
  aparecen dos pronombres objeto juntos, el de objeto *indirecto* se coloca delante del de objeto *directo* .

  Ejemplo: *¿Quieres comprármelo? ¿Me lo compras?*

- Los pronombres de objeto indirecto *le* y *les* cambian a *se* cuando van delante
  de los pronombres de objeto directo *lo,* *la* , *los* y *las* .

  Ejemplo: *¿Puedes darle el libro a tu profesor?* ➡ *¿Puedes dárselo/Se lo puedes dar?*

1.5. 👥 🔤 Tras una jornada de trabajo intensa, una pareja de la guardia civil llega al puesto de mando con diferentes objetos encontrados después de difíciles investigaciones. Lee el catálogo. ¿Conoces todos los objetos? Si no es así, pregunta a tus compañeros o busca las palabras en el diccionario:

- Una cartera de piel con documentación
- Un pintalabios
- Una caja de aspirinas
- Una cubertería de plata
- Un televisor
- Un ordenador portátil
- Una guía de carreteras
- Unos pendientes de oro
- Un mechero
- Una agenda
- Un cuadro impresionista
- Una radio de coche

1.5.1. 👥🗨️ **Al llegar al puesto de mando, los guardias civiles son informados de que ha habido tres denuncias por robo, pero, a causa del *shock*, ninguna de las víctimas puede recordar exactamente qué les falta. Ayudadlos dando vuestra opinión.**

> **Ejemplo:** *Yo creo que la cartera **se la** han quitado a María Jesús, porque normalmente la cartera está dentro del bolso.*

COMISARÍA CENTRO
OFICINA DE DENUNCIAS DEL CUERPO NACIONAL DE P...

Denuncia: 12CC-SU407 | Fecha: 15

Denunciante: José Luis Andrade

MOTIVO DE LA DENUNCIA:

A los Sres. de Andrade les han robado en casa.

COMISARÍA CENTRO
OFICINA DE DENUNCIAS DEL CUERPO NACIONAL DE POLICÍA

Denuncia: 45CC-SU409 | Fecha: 15 / 02 / 0...

Denunciante: Guillermo Martínez

MOTIVO DE LA DENUNCIA:

A Guillermo Martínez le han robado. Ha dejado el coche aparcado delante del supermercado y...

COMISARÍA CENTRO
OFICINA DE DENUNCIAS DEL CUERPO NACIONAL DE POLICÍA

Denuncia: 30CC-SU402 | Fecha: 15 / 02 / 03

Denunciante: María Jesús Pérez

MOTIVO DE LA DENUNCIA:

A María Jesús Pérez le han quitado el bolso.

María Jesús Pérez:

Cartera

Sres. de Andrade:

Guillermo Martínez:

1.6. 👥🗨️ **Estáis en la comisaría. Uno de vosotros hace el papel de policía y otro el de víctima. Puedes utilizar palabras de la siguiente lista, además del pretérito perfecto y sus marcadores temporales.**

- El atraco
- La víctima
- El cuchillo / La pistola
- La cartera
- El dinero / Las tarjetas de crédito
- La documentación / El pasaporte
- El billete de autobús

- Tener / Pasar miedo
- Gritar
- Quitar / Robar
- Pegar un puñetazo
- Amenazar
- Poner una denuncia
- Detener

𝖆𝖑𝖚𝖒𝖓𝖔 𝖆

Tú eres un policía que trabaja en una comisaría. Esta mañana has hablado con una persona de mediana edad que estaba muy nerviosa. Haz preguntas para saber qué le ha sucedido.

𝖆𝖑𝖚𝖒𝖓𝖔 𝖇

Eres una persona de mediana edad, estás muy nerviosa porque esta mañana has tenido un problema. Has ido a comisaría a denunciarlo. Contesta a las preguntas del policía y explica tu historia.

1.7. 👤 🎧 Ahora, la policía ha encontrado una grabación de una conversación mantenida
[11] entre Nicolás y una detective, días antes del crimen. Escucha y ordena estas
imágenes según la historia que te cuentan.

1.7.1. 👫 ✏️ Ahora, describe lo que ha hecho esta mujer lo más detalladamente posible.

Ejemplo: *Ha salido de casa a las 11 de la mañana...*

1.8. 👪 🔄 Ahora, piensa en algo que has hecho esta semana. Escríbelo en un papel. Luego,
represéntalo con mímica. Tus compañeros deben adivinar de qué se trata. El que acier-
te representa otra acción.

Experiencias 2

2.1. 👫 💬 ¿Qué han hecho hoy estas personas?

1. ....

3. ....

4. ....

2.1.1. 👥 🔤 **Aquí tienes diferentes actividades de ocio. Clasifícalas según el cuadro. Si no conoces las palabras, pregunta a tus compañeros o búscalas en el diccionario.**

jugar a las cartas

hacer senderismo

cultivar plantas

hacer parapente

jugar al baloncesto

montar a caballo

jugar al parchís

escalar

jugar al ajedrez

restaurar muebles

pintar

hacer bricolaje

Actividades al aire libre	Juegos de mesa	Manualidades

2.1.2. 👥 🔤 **Tenéis dos minutos para ampliar la lista con todos los deportes y actividades de ocio que podáis recordar. Después, haced una puesta en común con los compañeros; seguro que la lista es enorme.**

2.1.3. 👥 💬 **Ahora, escribe cinco actividades que no has hecho nunca. Después, busca por la clase compañeros que sí las han realizado y escribe sus nombres junto a la actividad. ¿Quién te ha sorprendido más y por qué?**

2.2. 👤 🎧 **Escucha el diálogo, y anota las actividades que se mencionan.**
[12]

2.2.1. 👤 🎧 **Escucha de nuevo y anota la frecuencia con que cada uno de los personajes realiza las actividades que has anotado en el ejercicio anterior.**
[12]

	Jugar al ajedrez				
Adolfo	nunca				
Carmen					
Andrés					

2.2.2. 👥 💬 **Ordena las expresiones de frecuencia de más a menos.**

➕

....

|ıılıılıılıılıılıılıılıılıılıılıılıılıılıılıılıılıılıılıılıılıılıılıılıılıılıılıılıılıılıılıılıılıılıılıılıılıılıılıılıılıılıılıılıılıılıılıılıı

90   85   80   75   70   65   60   55   50   45   40   35   30   25   20   15   10   5

2.3. 👤 ✏️ **Clasifica los siguientes acontecimientos y escribe si YA los has realizado o si TODAVÍA NO o AÚN NO los has hecho. Añade otros que se te ocurran.**

↘ Casarse	↘ Escribir un libro	↘ Teñirse el pelo
↘ Tener hijos	↘ Licenciarse	↘ Dejarse bigote
↘ Salir en televisión	↘ Cantar en público	↘ Ir a una cita a ciegas
↘ Plantar un árbol	↘ Hacer "puenting"	↘ Hablar en público

Ya...	Aún no, todavía no...
	Todavía no me he casado

2.4. 👥 🗨️ **Ahora, pregúntale a tu compañero qué cosas no ha hecho todavía y porqué. Luego, lo podéis comentar con el resto de la clase.**

¿Qué tal te ha ido? 3

3.1. 👥 🗨️ **¿Puedes identificar estos lugares? Contrasta tus hipótesis con el resto de la clase. Luego, comenta si has estado alguna vez en alguno de ellos.**

3.2. 👥 📖 Rigoberto, un chico mexicano que está haciendo un viaje por Europa, les ha escrito a sus padres una carta contándoles los lugares que ha visitado y las experiencias que ha tenido en España. Sin embargo, ha estado en tantos lugares en tan poco tiempo que se ha liado. Encuentra los errores.

Zúrich, 23 de mayo de 2003

Queridos papá y mamá:

¿Cómo están? Yo estoy bien, un poco cansado, porque he llegado a Zúrich desde Madrid recién. España es muy linda. He visto muchas cosas, me he bañado en las playas tropicales de Santander y he conocido mucha gente. En Galicia he bailado sevillanas, que es el baile típico de allí, también he comido marisco y he hecho el Camino de Santiago. Además he visitado Barcelona, que es una ciudad preciosa en el centro del país y he disfrutado mucho de la obra de Gaudí: la catedral, el parque Güell, las casas modernistas... En las Islas Canarias, en el Mediterráneo, he subido al Teide y he visto la obra de César Vallejo en Lanzarote. Y después, Andalucía: he estado en La Alhambra de Córdoba y en la Torre del Oro de Málaga, y he comido paella, que es una sopa de tomate muy buena.

Bueno, papis, esto es todo.

Les quiero

Besos

Rigoberto

3.2.1. 👤 ✏️ Escribe ahora una carta sobre tu país o ciudad con tres errores. Léela en voz alta. Tus compañeros tienen que corregirlos.

3.3. 👤 🎧 Escucha los siguientes diálogos y subraya en la transcripción las expresiones [13] que sirven para valorar una actividad.

diálogo 1

▶ ¿Qué tal lo has pasado estas Navidades?

▷ Genial. Lo he pasado de maravilla. Ha venido también una hermana argentina de mi marido y ha sido muy divertido. ¿Y tú?

▶ Normal. Las Navidades han estado bastante bien. Ahora lo que no es tan divertido es la vuelta al trabajo.

▷ ¡Y que lo digas!

diálogo 2

▶ ¿Qué tal esta noche en el concierto de "Los Energéticos Consumidos"?

▷ De pena. Lo he pasado fatal. Ha sido un concierto muy aburrido.

▶ ¡Qué pena!, ¿no?

CONTINÚA ····▶

diálogo 3

▶ Señora Rosa, ¿qué tal sus vacaciones?

▷ Muy bien, guapa, muy bien. Mi marido se ha bañado todos los días y yo he dado largos paseos por la playa. Así que, de maravilla. Lo hemos pasado fenomenal. ¿Y vosotros?, ¿qué habéis hecho?

▶ Pues hemos vuelto a Asturias. Y la verdad es que los niños han estado felices y lo han pasado bomba.

3.4. **Poned en común vuestro trabajo. Podéis escribir en la pizarra todas las expresiones de valoración.**

Para valorar una actividad o periodo de tiempo

Ser	😊 una obra muy divertida. 😊 una fiesta genial. ☹ un día horrible.

Ejemplo: *Ha sido un día horrible. Todo me ha salido mal.*

La fiesta La conferencia El concierto	**estar**	😊 genial. 😊 bastante interesante. ☹ muy mal.

Ejemplo: *La película que vimos el domingo pasado estuvo genial.*

Pasarlo	😊 muy bien / de vicio / de cine 😊 de maravilla / de miedo / bomba 😐 bien / normal 😐 "ni fu ni fa" 🙁 regular ☹ horrible / de pena / fatal

Ejemplo: *En el viaje lo hemos pasado de maravilla.*

3.5. **Mira la valoración de las actividades; después, habla con tu compañero para que te cuente qué tal lo ha pasado en las siguientes situaciones. Sigue el ejemplo.**

Ejemplo: ▶ *¿Qué tal este fin de semana?*

▶ 😊 *Ha sido un fin de semana genial. ¡Lo hemos pasado bomba en la excursión!*

alumno a

Tú preguntas por:

- Reunión del departamento de ayer por la tarde.
- La visita al dentista de esta mañana.
- El viaje de este verano con tus amigos.

Tu compañero te pregunta por:

- La boda de tu mejor amigo, el domingo pasado. ➡ 😊
- Tu cita a ciegas de ayer por la noche. ➡ ☹
- La corrida de toros de este fin de semana. ➡ 😊

CONTINÚA ····⁘

alumno b

AUTOEVALUACIÓN   AUTOEVALUACIÓN   AUTOEVALUACIÓN

1. Valora los siguientes aspectos de esta unidad.

> ha sido difícil • ha estado bien • no me ha gustado nada • me ha encantado

Recordar el pretérito perfecto ....

Dibujar la escena del crimen ....

Hablar de tus experiencias..

Escuchar las experiencias de tus compañeros...

2. Cuando escribimos un texto, debemos evitar repetir siempre las mismas palabras. Podemos usar otras que son sinónimas o que se pueden utilizar en ese contexto. Lee el texto y sustituye las palabras en negrita por la adecuada del dibujo.

En Sevilla puedes hacer muchas cosas. Por ejemplo puedes visitar monumentos como la Giralda o la Torre del Oro. También puedes pasear por el parque de María Luisa o **visitar** la Cartuja. **También** puedes ir al cine, al teatro o hacer un recorrido en el autobús turístico. Para moverte por Sevilla tienes dos posibilidades: coger el transporte público o **coger** un taxi. Por las noches, en Sevilla, hay mucha vida nocturna: bares, espectáculos, discotecas... y es fácil conocer gente y hacer amigos, porque **la gente de Sevilla** es abierta y sociable.

 Fíjate:
- *– La gente es abierta y sociable.*
- *– Los sevillanos son abiertos y sociables.*

No olvides que, en español, los adjetivos concuerdan con el nombre en género y número y el verbo concuerda con el sujeto en número.

3. Ahora, haz lo mismo con este texto buscando tú las palabras adecuadas, pero, antes de leerlo, entre toda la clase buscad verbos sinónimos de *decir*.

Un hijo de la tierra llamado Yetti le dice al pintor de las cavernas llamado Taste: "Tengo algo que pedirte y algo que **decirte**". Como son buenos amigos, Taste le **dice** que bueno. En la cueva, cuando ya nadie puede verlos, Yetti **dice** así: "Mira, Taste, esta noche he tenido un extraño sueño. He soñado que un dios venía a mi encuentro". "Eso no es raro, los dioses se aparecen a los hombres en sueños con frecuencia"–**dice** Taste.

Texto adaptado de *La saga fuga de JB,* Gonzalo Torrente Ballester

AUTOEVALUACIÓN   AUTOEVALUACIÓN   AUTOEVALUACIÓN

Unidad 5

La familia de Carlos IV (1800). Francisco de Goya y Lucientes

Contenidos funcionales
- Hablar de hechos históricos
- Informar del tiempo que separa dos acciones pasadas
- Hablar de la vida de alguien
- Pedir y dar información sobre el currículum vítae
- Contar anécdotas

Contenidos gramaticales
- Pretérito indefinido: formas irregulares (3.ª singular y plural: e>i, o>u, i>y)
- Marcadores temporales: *al cabo de / a los / después de*
- Contraste pretérito perfecto / pretérito indefinido

Contenidos léxicos
- Hechos históricos
- El currículum vítae

Contenidos culturales
- Biografías: Miguel de Cervantes, Pablo Ruiz Picasso, Isabel Allende, Francisco de Goya y Lucientes, Pilar Miró
- La "Nova Trova Cubana" y Silvio Rodríguez
- Literatura: Lucía Etxebarría
- Pintura: Francisco de Goya y Lucientes

1 ¿Qué pasó?

1.1. Vamos a hablar de la Historia con mayúsculas, la de todos. Relaciona cada uno de los acontecimientos con la fecha correspondiente.

1 El 21 de julio de 1969	**a** Descubrimiento de América
2 El 11 de septiembre de 2001	**b** Fin de la Segunda Guerra Mundial
3 A mediados del siglo XX	**c** Descubrimiento de la luz eléctrica
4 A finales del siglo XIX	**d** Levantamiento de los campesinos de Chiapas (México)
5 En abril de 1912	**e** Atentado terrorista en Estados Unidos
6 El 12 de octubre de 1492	**f** Llegada del hombre a la Luna
7 En 1945	**g** Caída del Muro de Berlín
8 En noviembre de 1989	**h** Ingreso de España en la ONU
9 En 1997	**i** Hundimiento del Titanic
10 En 1994	**j** Construcción del Museo Guggenheim en Bilbao

1.1.1. En parejas, discutid las respuestas y comprobadlas. Podéis deducir los verbos que necesitáis de los sustantivos y anotarlos en el recuadro de la derecha.

El Titanic se hundió en 1946.

¡Qué va! Fue en 1912.

1. Descubrimiento ➜ Descubrir
2. Fin ➜ ....
3. Levantamiento ➜ ....
4. Atentado ➜ ....
5. Llegada ➜ ....
6. Caída ➜ ....
7. Ingreso ➜ ....
8. Hundimiento ➜ ....
9. Construcción ➜ ....

1.2. Ahora, vas a escuchar información sobre otros acontecimientos, estos del siglo XX. [14] Fíjate en las fechas en que se produjeron y anótalas en la tabla.

	Fechas	Acontecimientos
1.		
2.		
3.		
4.		
5.		

CONTINÚA ➜

Fechas	Acontecimientos
6.	
7.	
8.	
9.	
10.	

1.2.1. 👤 🎧 **Vuelve a escuchar la audición y completa la tabla con los hechos históricos que** [14] **se mencionan.**

1.3. 👤 ✏️ **¿Por qué no escribes los cinco acontecimientos más interesantes de cuantos sucedieron en tu país en el siglo XX?**

> En mi país en el siglo XX...

1.3.1. 👥 🗨️ **¿Por qué no se los cuentas al resto de la clase? Seguro que luego, entre todos, podréis relacionar la historia reciente de vuestros países.**

¡Vaya vida! 2

2.1. 👤 📖 **Aquí tienes una breve biografía de Miguel de Cervantes. Léela.**

Miguel de Cervantes Saavedra nació en Alcalá de Henares (Madrid) en 1547. Durante cinco años fue soldado y sirvió a Felipe II en Italia; perdió el movimiento de su mano izquierda en la batalla de Lepanto. A continuación, estuvo preso en Argel; después de cinco años, huyó de la prisión y regresó a España donde fue recaudador de impuestos. Se trasladó a Valladolid y volvió a vivir en Madrid, dedicándose finalmente a la creación literaria. Produjo numerosas obras de teatro, poesía y novela, pero la más importante fue *El ingenioso hidalgo don Quijote de la Mancha*. Creó a su personaje más famoso en 1605: don Quijote, un viejo hidalgo que leyó demasiados libros de caballería y se volvió loco. Por este motivo, sintió la necesidad de salir, como caballero andante, por los campos de la Mancha en busca de aventuras. Este personaje sirvió a Cervantes para ver la realidad de otra manera. Con él creó el concepto de novela moderna. Cervantes murió el 23 de abril de 1616, fecha en la que, tradicionalmente, se celebra el Día del Libro.

Monumento a Cervantes. Madrid. España

2.1.1. 👨‍👩‍👧 🗨️ **Subraya los verbos que están en pretérito indefinido. ¿Por qué se utiliza este tiempo del pasado?**

2.1.2. 👤 ✏️ **¿Hay algún verbo irregular en el texto? Anota abajo todos los que encuentres.**

Son irregulares:

2.1.3. 👤 ✏️ **De estos verbos irregulares, ¿cuáles son nuevos para ti?**

Son nuevos:
....
....
....

2.2. 👤 ✏️ **Fíjate en el siguiente cuadro gramatical. Clasifica estos nuevos verbos irregulares en el lugar correspondiente.**

Pretérito indefinido

• **Verbos con irregularidad en la tercera persona**

	e > i	o > u	i > y	+ y
Yo	pedí	dormí	construí	creí
Tú	pediste	dormiste	construiste	creíste
Él/ella/usted	**pidió**	**durmió**	**construyó**	**creyó**
Nosotros/as	pedimos	dormimos	construimos	creímos
Vosotros/as	pedisteis	dormisteis	construisteis	creísteis
Ellos/ellas/ustedes	**pidieron**	**durmieron**	**construyeron**	**creyeron**
	Preferir, elegir, medir, mentir, corregir.		Destruir, incluir, distribuir.	Caer, oír.

2.2.1. 👤 ✏️ **En cada línea hay un verbo irregular que no pertenece a estos grupos con irregularidad en la tercera persona. Busca el intruso.**

1. (intuyó • leyeron • quiso • durmieron • midieron • eligieron)

2. (distribuyó • oyeron • cayeron • pidió • trajo • mintieron)

3. (creyeron • murió • hubo • sintió • destruyó • construyeron)

4. (sintieron • prefirió • supo • corrigieron • incluyeron • mintió)

2.2.2. 👥 🎲 **Ahora, vamos a jugar al bingo con los verbos irregulares. Aquí tienes una lista de verbos en infinitivo:**

> preferir, elegir, servir, pedir, medir, morir(se), construir, destruir, huir, incluir, distribuir, caer, oír, leer, creer, sentir, mentir, corregir.

Elige siete y rellena las casillas vacías del cartón. No olvides transformarlos únicamente a la 3.ª persona del singular o del plural del pretérito indefinido.

Y ahora, marca los que el profesor vaya diciendo. Gana el alumno que complete antes el cartón.

2.3. 👤 ✏️ **Volvemos a las biografías, con muchos indefinidos nuevos. Conjuga los verbos en pretérito indefinido y adivina a cuál de estas personas famosas pertenece cada biografía:**

 ☐ **PABLO RUIZ PICASSO**   ☐ **ISABEL ALLENDE**   ☐ **FRANCISCO DE GOYA**   ☐ **PILAR MIRÓ**

1 *(Nacer)* Nació en Fuentedetodos, España, en 1746. **2** *(Viajar)* Viajó a Italia donde **3** *(aprender)* aprendió la técnica del fresco. A los 27 años **4** *(casarse)* se casó con Josefa Bayeu, hermana de Francisco Bayeu, pintor de cámara del rey Carlos III. **5** *(Ingresar)* Ingresó en la Real Fábrica de Tapices donde **6** *(producir)* produjo numerosas obras, llamadas cartones, para fabricar tapices. A partir de 1786, los reyes Carlos III y Carlos IV **7** *(elegir/a él)* le eligieron como pintor de cámara. En 1792, **8** *(contraer)* contrajo una grave enfermedad que **9** *(dejar/a él)* le dejó sordo. **10** *(Sufrir)* Sufrió una gran crisis que **11** *(influir)* influyó en su pintura. Desde este momento, **12** *(comenzar)* comenzó a realizar "las pinturas negras". **13** *(Morir)* Murió en 1828, en Burdeos (Francia). Entre sus obras podemos destacar *La familia de Carlos IV* y *Los fusilamientos del 3 de mayo*.

[notas manuscritas: Ingresar - entered. highlight. execution with bullets.]

Es chilena aunque **1** *(nacer)* nació en Lima (Perú), en 1942. Su padre **2** *(ser)* fue diplomático y es sobrina del que **3** *(ser)* fue presidente chileno, Salvador Allende. **4** *(Hacer)* Hizo Periodismo. En 1962, **5** *(casarse)* se casó y, posteriormente, **6** *(tener)* tuvo dos hijos. En 1973, **7** *(abandonar)* abandonó Chile tras el golpe de estado y **8** *(exiliarse)* se exilió en Caracas. En 1992, **9** *(morir)* murió su hija Paula, lo que la **10** *(llevar)* llevó a escribir el libro titulado: *Paula* (1994). En 1985, **11** *(recibir)* recibió el premio a la mejor novela en México, y, en 1986, **12** *(ser)* fue premiada como la mejor autora del año en Alemania. En 1982, **13** *(publicarse)* se publicó su obra más conocida: *La casa de los espíritus*. Entre otras obras, caben destacar: *De amor y de sombra* (1984), *El plan infinito* (1991), *Cuentos de Eva Luna* (1992) e *Hija de la fortuna* (1999). Actualmente reside en California (EE. UU.).

1 *(Nacer)* .... en Málaga (España), en 1881. En 1895, **2** *(trasladarse)* .... a Barcelona donde **3** *(ingresar)* .... en la Facultad de Bellas Artes. Cinco años más tarde **4** *(ir)* .... por primera vez a París donde **5** *(organizar)* .... una exposición. Nueve años después **6** *(volver)* .... a vivir en París donde **7** *(conocer)* .... a Matisse. Al cabo de tres años, **8** *(pintar)* .... *Las señoritas de Avignon*. Cuando en 1936 **9** *(empezar)* .... la Guerra Civil española, **10** *(volver)* .... de nuevo a París, donde **11** *(pintar)* .... *el Guernica*. **12** *(Casarse)* .... varias veces y **13** *(tener)* .... tres hijos. En 1955, **14** *(instalarse)* .... en Cannes y a los dos años, **15** *(pintar)* .... *Las Meninas*, inspirándose en el cuadro de Velázquez. En 1973, **16** *(morir)* .... en su casa de Notre-Dame-de-Vie (Francia).

1 *(Nacer)* .... en Madrid, en 1940. **2** *(Estudiar)* .... Derecho y Periodismo y **3** *(licenciarse)* .... en Guion en la Escuela Oficial de Cinematografía. En 1960, **4** *(comenzar)* .... a trabajar en televisión. Su debut como directora de cine **5** *(llegar)* .... en 1976 con *La petición*, la adaptación de una novela de Émile Zola, que **6** *(obtener)* .... el Premio Revelación al mejor director concedido por el Círculo Cinematográfico y que **7** *(convertirse)* .... en un éxito de taquilla. En 1986, **8** *(ser)* .... nombrada Directora General de Cinematografía. En 1992, **9** *(conseguir)* .... el Oso de Plata en el Festival de Cine de Berlín por *Beltenebros*. En 1996, *El perro del hortelano* **10** *(obtener)* .... los Premios Goya (España) al mejor director y al mejor guion, y el premio a la mejor película en el Festival de Cine de Mar de Plata (Argentina). **11** *(Morir)* .... en 1997, en Madrid.

Como has visto en estas biografías, el pretérito indefinido, al tratarse de un tiempo que expresa acciones terminadas en el pasado, nos sirve para:

- Dar información sobre la vida de alguien:
   Nació en 1940; se casó con Josefa; murió en Madrid.

- Informar del tiempo que separa dos acciones pasadas:
   Nueve años después volvió a vivir en París; al cabo de tres años, pintó...

- Hablar de hechos históricos, acontecimientos del pasado:
   Carlos IV lo eligió como pintor de cámara; en 1936 empezó la Guerra Civil.

3 Currículum vítae

3.1. Y seguimos con la historia, pero ahora con la tuya. Aquí tienes una plantilla para hacer un currículum vítae. Fíjate bien en los datos que se piden, asegúrate de que los entiendes todos y complétalos. Puedes usar el diccionario.

Datos personales

Nombre: Nicky

Apellidos: Dunleavey

Fecha de nacimiento: Treinta de noviembre de 1979

Natural de: Inglaterra   Estado civil: Soltera

Dirección: 95 Hampson Way, Camden

Código postal: SW8 1HX   Teléfono: 07797575621

E-mail: anewsha@hotmail.com   Carné de conducir: 1234

Estudios realizados

> **Estudios universitarios:** licenciatura en..., diplomatura en..., doctorado en...

☐ 2002-3   Master en desarollo de países del trecero mundo

Año

> **Otras titulaciones, otros estudios**

1998-2001 ☐ Graduada de estudios politicos

1996-98 Bachiller en frances, geografía e historia

Formación

> **Curso de..., Máster en...** Lugar, número de horas

☐ Área de idiomas: Ingles, Frances, Español

☐ Área de informática: Word, Excel, Powerpoint, Acero de internet

☐ Cursos de especialización: Español como lengua extranjera
Primeros auxilios
Lavado de dinero
Gerencia
Investigación Criminal

Año

Experiencia de trabajo

> **Puesto de trabajo, nombre de la empresa y funciones realizadas**

☐ Investigadera de trata de personas - SOCA year year
Investigadera de lavado de dinero

☐ Agente de Relaciones

Año

Aficiones e intereses personales

☐ Lectura   Viajes Turismo

☐ Gimnasio

3.2. 👤 🔤 **Fíjate en estos conectores temporales de la narración que expresan posteriori-
dad y en los ejemplos de las biografías que has leído.**

Conectores temporales

| A la | mañana/primavera... | ⎫ |
| **Al** | mes/año... | ⎬ siguiente |

| **A los** | dos días/tres meses... |
| **A las** | cinco semanas... |

Al cabo de una hora/tres días/varios años...

Después de algunos meses/varias horas...

Ejemplos:

· En **1895** *se trasladó a Barcelona,*
cinco años más tarde*; en* **1900,** *fue
a París.* ***Al cabo de doce años****, en*
1912, *pintó* Las señoritas de Avignon.

| Dos días | ⎫ **más tarde** |
| Una semana/un día/una hora... | ⎬ **después** |

· ***A principios de los noventa*** *obtuvo
un gran éxito de crítica y público con*
Beltenebros.

3.2.1. 👥 ✏️ **Volvemos a Cuba. Pero ahora nos ocupamos de un movimiento musical, reco-
nocido mundialmente, llamado "Nova Trova Cubana", fenómeno estético nacido en la
segunda mitad de los años 60 en la isla. Es la continuación de movimientos trovado-
rescos anteriores y se caracteriza porque sus cantautores se preocupan por el contenido de las letras sin olvidar la coherencia con la música. A este movimiento pertenece
Silvio Rodríguez. Estos son algunos acontecimientos importantes de su vida. Escribe su
biografía utilizando los conectores que has aprendido.**

- 29 de noviembre 1946: nace en San Antonio de los Baños, La Habana, Cuba.
- 1958: Conoce a José Martí, poeta de la independencia cubana.
- 1962: Comienza los estudios de piano.
- Marzo de 1964: Ingresa en el servicio militar obligatorio de las Fuerzas Armadas Revolucionarias.
- Diciembre de 1964: Compra una guitarra y aprende a tocarla con Esteban Baños.
- 1963-1965: Compone sus primeras canciones.
- 1967: Debuta en el programa de televisión "Música y estrellas". Da su primer recital.
- 1975: Primer disco en solitario: *Días y flores.*
- Destacan, entre otros trabajos:
    - *Rabo de nube* (1980)
    - *Tríptico* (1984)
    - *Silvio* (1992)
    - *Expedición* (2002)

Silvio Rodríguez Domínguez nació en San
Antonio de los Baños en noviembre de 1946.
Al cabo de doce años conoció a ...

3.2.2. 👤 ✏️ **Ahora, ya puedes escribir tu
autobiografía, no olvides incluir todos
los datos que tengas en tu currículo y
algunos conectores temporales.**

Mi nombre es...

4 Buscando trabajo

4.1. 👤 🎧 **¿Alguna vez has estado en una entrevista de trabajo? Pues ahora vas a escuchar**
[15] **una en español. Luego, corrige la información si es necesario:**

1. Necesitan a una animadora cultural.
2. La candidata empezó a trabajar en 1996 en un hotel de La Rioja, después de terminar la carrera de Económicas.
3. A principios de 1997, empezó a trabajar en un hotel-balneario, organizando reuniones de empresa.
4. A mediados de 1999, se puso a trabajar en una oficina de información y turismo.
5. Habla perfectamente inglés y alemán porque estuvo trabajando durante un año en Londres y dos más en Berlín.
6. Hizo un curso específico de guías turísticos en alemán la última vez que estuvo en Berlín.
7. La semana que viene se pondrán en contacto con ella para darle una respuesta a su solicitud.

4.1.1. 👤 ✏ **En la entrevista aparecen dos tiempos del pasado que ya conoces, ¿cuáles? Completa sus nombres en la tabla.**

Pretérito	Pretérito ....

4.1.2. 👤 🎧 **Vuelve a escuchar la entrevista y clasifica, en la tabla que tienes arriba, todos**
[15] **los verbos según su tiempo.**

4.2. 👥 ✏ **Aquí tenéis toda la información para que vosotros mismos hagáis el cuadro de gramática con el contraste entre pretérito indefinido y pretérito perfecto.**

Pretérito perfecto

- Hablamos de...
....

Ejemplos:

–

–

Pretérito indefinido

- Hablamos de...

....

Ejemplos:

–

–

- Hablamos de acciones terminadas en el pasado, de acontecimientos o momentos puntuales.
- Hablamos de acciones terminadas en un tiempo no terminado o de experiencias en un tiempo indeterminado o general.

Ejemplos:

Me fui a vivir a Turquía en 1993.

He estudiado inglés y un poco de francés.

Se ha casado dos veces, pero no ha tenido hijos.

Empezó a trabajar con 20 años y se jubiló ayer.

4.3. 👤 ✏️ **Ahora, escribe al menos diez preguntas que se pueden hacer durante una entrevista de trabajo. Recuerda que unas pueden referirse a la experiencia y otras a un momento o acontecimiento preciso de la vida.**

Ejemplo: – ¿Qué has estudiado?
– ¿Cuándo terminaste tus estudios?

1.
2.
3.
4.
5.
6.
7.
8.
9.
10.

4.3.1. 👥 🗨️ **¿Ya tienes preparada la entrevista?, pues házsela a tu compañero y, después, responde a las preguntas que te hará él. Recuerda que el tratamiento en una entrevista de trabajo es formal, así que usa siempre la forma *usted*.**

4.3.2. 👥 🗨️ **Ahora que conocéis bien vuestros currículos, mirad estos anuncios de oferta de empleo y decidid quién de vosotros es la persona más adecuada para cada uno de ellos. No olvidéis argumentar vuestras opiniones.**

Necesitamos secretaria con experiencia de, al menos, dos años en marketing, dominio de inglés y portugués y don de gentes.

Empresa sueca busca licenciado en Empresariales con conocimientos de informática.

Compañía aérea selecciona azafatas. Pedimos buena presencia y buen nivel de inglés e italiano.

Discoteca necesita relaciones públicas, se precisa experiencia en hostelería y conocimientos de alemán.

¿Te gustan los animales?, ¿tienes entre veinte y treinta años?, ¿has estudiado Veterinaria, Psicología o Ciencias Políticas? Pues llámanos, tenemos trabajo para ti.

Si estás soltero, te gusta viajar, no te importa vivir en hoteles, si tienes alguna experiencia en el mundo del espectáculo, esta es tu gran oportunidad: ¡llámanos!

Escuela de idiomas busca profesores de francés, japonés y árabe con experiencia y con conocimientos de historia, literatura o negocios para impartir cursos específicos de estas materias.

Agencia de viajes busca persona con conocimientos de contabilidad, informática, carné de conducir y disponibilidad para viajar.

El puesto de secretaria es perfecto para Laura porque ha trabajado en marketing y, como vivió en Brasil, habla portugués.

Ya... pero nunca he estudiado inglés y no tengo don de gentes, soy muy tímida.

5.1. 🔇 ◯ Vas a escuchar a algunas personas que responden a una encuesta sobre experien-
[16] cias insólitas. Primero, localiza las palabras que tienes abajo y, después, relaciónalas con el número del entrevistado al que pertenecen y explica su significado.

1 •	• a	Payaso ....
2 •	• b	Saltar ....
3 •	• c	Teatro ....
4 •	• d	Susto ....
5 •	• e	Batalla ....
6 •	• f	Mascota ....
7 •	• g	Carrera ....
8 •	• h	Luna de miel ....

5.1.1. 🔇 ◯ Vuelve a escuchar la encuesta, ahora tienes que relacionar las respuestas con
[16] los dibujos y anotar el verbo en la forma en que lo han usado.

5.1.2. 👥 Uno de los entrevistados era **Miguel de Cervantes. Si recuerdas su biografía no
te resultará difícil decir cuál. ¿Por qué algunos de los entrevistados han usado el pretérito perfecto y otros el indefinido?**

5.2. 👥 ✏ Ahora vamos a jugar. Lo primero que tenéis que hacer es escribir en un papel,
y usando pretérito indefinido o perfecto, la experiencia más insólita que habéis vivido.
Luego, dadle el papel al profesor. Dos minutos deberían bastaros.

5.2.1. 👥 ✏ Vamos a ver si os conocéis bien. Tenéis en
clase todos los papeles con vuestras experiencias
insólitas, ahora, debéis discutir a
quién pertenece cada una
argumentando vuestras
opiniones.

Dice: "Una vez comí carne de perro y bebí licor de serpiente".

Esa es de Peter, que estuvo de luna de miel en Corea.

O de Andrea, que ha hecho varios cursos de cocina exótica.

5.3. 👤📄 Si hay una experiencia que puede ser extraordinaria en la vida, es la del amor. Lee este fragmento de la novela *Amor, curiosidad, prozac y dudas* y verás cuántas cosas insólitas han hecho las personas por amor.

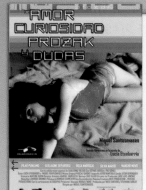

Apuntes para mi tesis: Catulo dedicó toda su obra a Lesbia. Marco Antonio perdió un imperio por Cleopatra. Robin Hood raptó a lady Marian. Beatriz rescató a Dante del Purgatorio. Abelardo y Eloísa se escribieron durante toda la vida. Julieta bebió una copa de veneno cuando vio muerto a Romeo. Melibea se arrojó por la ventana a la muerte de Calisto. Ofelia se tiró al río porque pensó que Hamlet no la amaba. Botticelli enloqueció por Simonetta Vespucci después de inmortalizar su belleza en la mayor parte de sus cuadros. Juana de Castilla veló a Felipe el Hermoso durante meses, día y noche, sin dejar de llorar, y después se retiró a un convento. Don Quijote dedicó todas sus aventuras a Dulcinea. Doña Inés se suicidó por don Juan y regresó más tarde desde el Paraíso para salvarlo del Infierno. Garcilaso escribió decenas de poemas para Isabel Freire, aunque nunca la tocó. Sandokán luchó por Marianna, la Perla de Labuán. Rimbaud, que había escrito obras maestras a los dieciséis años, no escribió una sola línea desde el momento en que acabó su relación con Verlaine, se hizo tratante de esclavos y se suicidó literariamente. Verlaine intentó asesinar a Rimbaud, luego se convirtió al catolicismo y escribió las *Confesiones*; nunca volvió a ser el mismo. Anna Karenina abandonó a su hijo por amor del teniente Vronski, y se dejó arrollar por un tren cuando creyó que había perdido aquel amor. Y yo sigo dejándole a Iain mensajes diarios en el contestador, pero si me lo pide lo dejaré de hacer y nunca más volveré a llamarle. Y no se me ocurre mayor prueba de amor, porque pienso en él constantemente.

Lucía Etxebarría
Amor, curiosidad, prozac y dudas (texto adaptado)

Lucía Etxebarría, nacida en 1966, escritora que gusta de la polémica, tuvo un gran éxito comercial a finales de los noventa; ganó en 1998 el Premio Nadal de novela con *Beatriz y los cuerpos celestes*.

5.3.1. 👥✏️ Lucía Etxebarría lo cuenta en pretérito indefinido porque habla de personas y personajes del pasado, pero imagínate que te lo cuenta en primera persona en el momento en que sucedió, ¿cómo lo haría?

5.3.2. ¿Por qué la autora de los apuntes se compara con todos estos personajes? ¿Cuál es la mayor prueba de amor que ella puede imaginar? ¿Conoces a todos los personajes y sus historias? De todos los personajes que aparecen en el texto, ¿cuál te resulta más atractivo y por qué?

5.3.3. Elige uno y cuenta su vida. Si no lo conoces bien, puedes preguntar a otros compañeros o al profesor.

5.3.4. ¿Puedes añadir tú a estos personajes algún otro que hizo algo insólito por amor? Cuéntaselo a tus compañeros.

5.3.5. Ahora, escribe lo más insólito que has hecho tú por amor y lo que otra persona ha hecho por ti. No es necesario decir la verdad, lo importante es que uses bien los pasados.

> Pues yo una vez...

AUTOEVALUACIÓN

1. ¿Qué te ha ayudado más en esta unidad?

☐ a. Las audiciones   ☐ b. Los textos

☐ c. La expresión escrita   ☐ d. Las actividades orales

2. ¿Puedes recordar en cuál de los epígrafes se ha presentado el contraste pretérito indefinido / pretérito perfecto?

☐ a. Hechos históricos   ☐ b. Biografías

☐ c. Currículum vítae   ☐ d. Entrevista de trabajo

☐ e. Experiencias insólitas

3. ¿Cómo resumes en unas líneas este contraste? No olvides escribir algún ejemplo.

_____

_____

_____

Revisión 1-5

Contenidos funcionales
- Saludar informalmente
- Presentarse y despedirse formalmente
- Contar anécdotas en un período de tiempo terminado y no terminado

Contenidos gramaticales
- Presentes regulares e irregulares
- Contraste pretérito perfecto/pretérito indefinido

Contenidos léxicos
- Internet
- El correo electrónico

Contenidos culturales
- Internet, *Atrapados en la red* de Tam Tam Go!

Tienes un **e-mail**

1 🎧 **Escucha la siguiente canción *Atrapados en la red* del grupo Tam Tam Go! y**
[17] **ordena las estrofas.**

○ Te di todo mi amor@love.com
y tú me @roba-roba-robado la razón.
Mándame un e-mail que te abriré mi buzón,
y te hago un rinconcito en el archivo de mi corazón.

○ Nunca tocaré su piel,
nunca podré estar donde esté.
Cuando el amor es ciego,
el corazón no miente a unos ojos que no ven.
Para qué quiero más,
si me da lo que quiero tener.

○ Ahí conocí a una mujer
que me escribió amor solo en inglés.
Su nombre me sedujo
y el resto de su ser me lo imaginé.
Para qué quiero más,
si me da lo que quiero tener.

○ Salimos solo una vez a navegar juntos por la red.
Saqué mi visa oro
y ella prometió que sería fiel.

○ ATRAPADOS EN LA RED

De tanto buscar, hallé
en una dirección de Internet,
un foro de forofos,
de pelis de terror y de serie B.

○ Para qué quiero más,
si me da lo que quiero tener.

○ Ciberpirata de amor,
me has abordado a traición.

○ Te di todo mi amor@love.com
y tú me @roba-roba-robado la razón.
Mándame un e-mail que te abriré mi buzón,
y te hago un rinconcito en el archivo de mi corazón.

○ Te di todo mi amor@love.com
y tú me @roba-roba-robado la razón.
Mándame un e-mail que te abriré mi buzón,
y te hago un rinconcito en el archivo de mi corazón.

2 📖 **Relaciona cada una de las siguientes palabras con su imagen correspondiente.**

☐ Mandar un e-mail ☐ Navegar ☐ Archivo
☐ La Red ☐ Ciberpirata ☐ Buzón
☐ Dirección de Internet ☐ Foro ☐ Amor@love.com

3 👥 💬 Saca las ideas que se deducen del contenido de la canción y coméntalas con tu compañero.

4 👥 📖 Ha llegado el momento de zarpar, ¡a navegar! Sigue nuestras instrucciones y el viaje será inolvidable. Si en este momento no tenéis acceso a Internet, el profesor os dará otra alternativa. Para empezar, entra en la siguiente dirección http://pobladores.lycos.es/.

4.1. 👥 ✏️ Lo primero que tienes que hacer es registrarte. Pincha en **REGÍSTRATE** y rellena el formulario. Al terminar, pincha en **ENTRAR**, y ya estás registrado.

4.2. 👥 ✏️ Después de pinchar en **ENTRAR**, has vuelto a la página principal. Observa con atención y contesta a las siguientes preguntas:

- ¿Qué tipo de territorios te ofrece la página? ....

- ¿Cuál es el que más os interesa? ....

4.3. 👥 📝 Elegid un territorio y pinchad encima de él. A continuación, pinchad en **FOROS**. Se abre una pantalla, seleccionad el tema que más os interese. Si pincháis una vez sobre uno de los títulos de los mensajes que han escrito los usuarios, podéis leer su contenido.

4.4. 👥 ✏️ Entre los comentarios que habéis leído, elegid tres y escribidlos.

....

....

....

4.5. 👥 ✏️ Leed con atención los tres comentarios seleccionados. Pinchad sobre uno de esos mensajes y a continuación pinchad sobre *RESPONDER A LA OPINIÓN*. Escribid vuestro mensaje de respuesta y enviadlo.

> **Recuerda:** cada dos o tres días deberéis entrar en el foro para comprobar si han contestado a vuestro mensaje.

5 👥 💬 El viaje se ha terminado; el barco ha llegado a puerto. Ahora, entre todos, vais a comentar los resultados del trabajo realizado y a comparar la experiencia de trabajar con Internet en español.

AUTOEVALUACIÓN   AUTOEVALUACIÓN   AUTOEVALUACIÓN

1. Marca los contenidos que manejas con precisión:

- ☐ conjugación de presentes
- ☐ preposiciones *a, en, de*
- ☐ pretérito perfecto
- ☐ participios irregulares
- ☐ marcadores de tiempo

- ☐ irregularidades de presente
- ☐ verbos de movimiento
- ☐ pronombres personales complemento directo e indirecto
- ☐ pretérito indefinido
- ☐ contraste pretérito perfecto / pretérito indefinido

2. ¿Qué contenidos de los anteriores tienes que repasar?

3. Marca los contenidos que manejas con precisión:

- ☐ saludar y despedirte
- ☐ contar un viaje
- ☐ escribir tu biografía
- ☐ escribir un informe

- ☐ hablar de los medios de comunicación en tu país
- ☐ contar una experiencia personal
- ☐ hacer tu currículo

AUTOEVALUACIÓN   AUTOEVALUACIÓN   AUTOEVALUACIÓN

1. Agrupa estos verbos según su irregularidad en presente:

- salir
- empezar
- dormir
- pedir
- hacer

- poner
- conducir
- entender
- jugar
- servir

- conocer
- tener
- traer
- soñar
- medir

- morir
- venir
- poder
- mentir
- nacer

Diptongo -ie	Diptongo -ue	Cambio vocálico e>i	-g- en primera persona singular	-zc- en primera persona singular
			salgo	

2. Escribe la persona *yo* del presente de los siguientes verbos:

1. Dar ....
2. Caber ....
3. Estar ....
4. Ser ....
5. Ir ....
6. Huir ....

3. Completa con la forma correcta:

1. ¿A qué hora .... las noticias?
   - ☐ **a.** empiezan
   - ☐ **b.** se empiezan

2. ¿De dónde .... ?
   - ☐ **a.** vas
   - ☐ **b.** vienes

3. Marta, Marta, ven aquí.
   - ☐ **a.** Ya voy
   - ☐ **b.** Ya vengo

4. Estamos .... Sevilla.
   - ☐ **a.** a
   - ☐ **b.** en

5. Escribe a Javier.
   - ☐ **a.** Escríbelo
   - ☐ **b.** Escríbele

6. Dale la noticia.
   - ☐ **a.** Dásela
   - ☐ **b.** Se la da

7. Hemos escuchado a la presidenta del consejo.
   - ☐ **a.** La hemos escuchado
   - ☐ **b.** Le hemos escuchado

8. ¿El año pasado .... en Bolivia?
   - ☐ **a.** habéis estudiado
   - ☐ **b.** estudiasteis

9. Volví .... casa .... 1999.
   - ☐ **a.** a/en
   - ☐ **b.** en/a

10. .... hace seis meses.
    - ☐ **a.** Se casaron
    - ☐ **b.** Casáronse

4. Encuentra el intruso en cada columna.

- estuve
- dije
- hicimos
- anduvimos
- comimos

- privada
- pública
- por cable
- regional
- matinal

- nacer
- salir
- crecer
- envejecer
- morir

Unidad 6

Contenidos funcionales

- Disculparse
- Expresar decepción o desilusión. Lamentarse
- Hacer cumplidos y responder
- Expresar sorpresa y entusiasmo
- Expresar aburrimiento
- Decir que no se puede hacer algo
- Recordar a otros que hay algo que hacer y comprobar si alguien se ha acordado de hacer algo
- Transmitir información
- Expresar obligación

Contenidos gramaticales

- ¡Qué + sustantivo + *tan/más* + adjetivo!
- Apócope del adjetivo: *bueno, malo, primero, tercero, grande*
- Comparativos
- Superlativos
- El estilo indirecto

Contenidos léxicos

- Acontecimientos sociales: la boda
- Los cumplidos

Contenidos culturales

- La interacción en España
- La ceremonia de la boda en España
- Los gitanos en España
- La boda gitana
- Literatura: Federico García Lorca

1 ¡Pero, hombre, **reacciona**!

1.1. A continuación tienes una serie de afirmaciones sobre cómo se comporta una persona en España cuando está escuchando a otra. Discute con tus compañeros si son correctas o no.

Antes de leer			Después de leer	
V	F	1. Hay que mirar atentamente a los ojos del interlocutor.	V	F
V	F	2. Cuando hablas por teléfono, tienes que decir algo como "Claro, claro" o "Sí, sí".	V	F
V	F	3. Si estás en desacuerdo con lo que dice tu interlocutor, no debes hacer ningún gesto ni decir nada.	V	F
V	F	4. Si te hacen un cumplido, acéptalo con un "Gracias".	V	F

1.1.1. Lee y comprueba tus respuestas.

¿Qué valor tiene el silencio en una conversación? En algunas culturas, estar callado mientras la otra persona está hablando es signo de buena educación e interés por lo que te está contando. Sin embargo, en España, el silencio tiene un valor completamente distinto: significa desinterés. Durante una conversación debemos:

◆ Mirar directamente a los ojos de nuestro interlocutor.

◆ Hacer algún gesto de asentimiento (mover la cabeza de arriba abajo repetidamente) o rechazo (mover la cabeza de derecha a izquierda repetidamente).

◆ Decir alguna palabra que confirme que seguimos el discurso, por ejemplo, *Claro, claro* o *Mmm, mmm* o *Sí, sí*, especialmente cuando hablamos por teléfono.

◆ Si no hacemos alguna de estas cosas, probablemente la persona dejará de hablar o cambiará de tema pensando que lo que dice no tiene interés, produce aburrimiento, etc.

◆ Otro elemento cultural distintivo es la forma de reaccionar ante un cumplido. Normalmente, no solo damos las gracias, sino que dudamos del cumplido con frases como: *¿De verdad te gusta? ¿Sí?*, o damos explicaciones: *¡Qué falda tan bonita! Pues me ha costado muy barata.* En realidad, se trata de reaccionar con humildad para no parecer engreído.

1.1.2. ¿Te ha sorprendido? ¿Cómo se comporta uno en tu país durante una conversación? Comenta las diferencias con tus compañeros. ¡Probablemente puede ayudarte a deshacer malentendidos!

1.2. [18] Vas a escuchar cinco diálogos que se corresponden con las viñetas que tienes a continuación. Relaciónalos

CONTINÚA ····

1.2.1. Aquí tienes la transcripción de los diálogos anteriores. Coloca las expresiones en negrita en la columna adecuada.

1.
▷ ¿Dígame?
▶ Hola, ¡felicidades!
▷ **¡Hombre**, Marisa! Gracias, ¿por qué no te pasas a tomar algo?
▶ **Lo siento**, es que no estoy en Madrid, pero nos vemos pasado mañana, ¿vale?
▷ ¡Claro!, pero **qué pena** no verte hoy.

2.
▶ **¡Sorpresa!** Venimos a verte.
▷ **¡Estáis locos!** ¿A estas horas?... Bueno; pasad, pasad.

3.
▷ **¡Qué vestido tan bonito lleva la novia!**
▶ **¿No me digas? ¿De verdad?** Entre tú y yo, me parece horroroso.
▷ **¡Vaya por Dios!** ¡Hija, cómo eres...!

4.
▶ ¿Y tu marido?
▷ No ha podido venir. Tiene demasiado trabajo.
▶ **¡Qué lástima! ¡Cuánto lo siento!**

5.
▷ Pero, **¡qué grande y qué guapo estás!**
▶ **Anda, anda**, abuela, **no es para tanto**.

DISCULPARSE	HACER CUMPLIDOS	RESPONDER A UN CUMPLIDO	SORPRENDERSE	EXPRESAR DECEPCIÓN O DESILUSIÓN. LAMENTARSE
Perdona	¡Estás estupendo!	Quita, quita ¡Noooo! ¡Qué exagerado!	¡No me lo puedo creer!	¡Qué mal! ¡Vaya! Lo lamento

1.3. 👥 ✏️ **Aquí tienes el fragmento de una entrevista al famoso director de cine español, Fernando León, que ganó varios premios Goya por su película *Los lunes al sol* en el año 2003. La periodista lo felicita muy entusiasta. Imagina que eres Fernando León y reacciona.**

▶ Tenemos con nosotros al **gran** director...

▷ ....

▶ Fernando León de Aranoa, que siempre nos ha deslumbrado desde su **primer** trabajo, que ya fue exquisito...

▷ ....

▶ ¡De eso nada! Un **buen** director nace, no se hace.

▷ ....

▶ Que sí, que sí, no seas modesto.

▷ ....

1.3.1. 🎧 **Escucha y comprueba si has reaccionado de la misma manera.**
[19]

1.3.2. 👥 ✏️ **Fíjate en las palabras en negrita y colócalas en el cuadro que tienes a continuación.**

Adjetivos

• Los adjetivos **bueno, malo, primero, tercero**, pierden la **o** final delante de un nombre masculino singular.

• El adjetivo **grande** se apocopa en **gran** delante de nombre singular:

1.3.3. 📝 ✏️ **Completa el jeroglífico. Todos los nombres se componen de bueno, malo, primero, tercero, grande y sus variantes. Atención a la concordancia.**

1. Me gustan las películas de vaqueros, en especial el , el y el .

2. Por fin hemos visitado el de Colorado.

3. Celso ha ganado el de Literatura.

4. Vivimos en un .

5. Conocemos Manhattan como la .

6. Einstein fue un .

7. La consulta del dentista es en la .

8. En Navidad siempre hace . En primavera, sin embargo, hace .

9. En la Rioja hay .

- Para intensificar la cualidad de un nombre utilizamos:

Qué + nombre + *tan/más* + adjetivo

Expresa algo que nos sorprende positiva o negativamente.

Ejemplos: *¡Qué ropa más blanca! ¿Con qué la lavas?*

¡Qué niño tan rubio! ¿De quién es?

2.1. **¿Sabes quién es Caperucita Roja? ¿Qué le pasa a Caperucita cuando va a ver a su abuelita? Completa las viñetas.**

Érase una vez una niña que siempre llevaba una caperuza roja, por eso todos la llamaban "Caperucita Roja". Un día, su mamá le dijo: "Llévale esta cesta con comida a la abuelita". Su abuela vivía al otro lado del bosque.

Caperucita se alejó del camino para coger flores para su abuelita y entonces, entre los árboles, se encontró con el lobo feroz que le preguntó: "¿Adónde vas Caperucita?"

Y la niña contestó: "A casa de mi abuelita".

Al llegar a la casa, Caperucita se asombró al ver el aspecto de su abuela.

El lobo saltó de la cama y, cuando ya se iba a comer a Caperucita, un cazador disparó y el lobo corrió y corrió con el estómago vacío.

2.1.1. **Los cuentos populares suelen tener distintas versiones. ¿Coincide la versión de Caperucita Roja que has leído con la tuya?**

3 ¡**Viva** la diferencia!

3.1. 👪 💬 **Las relaciones entre parejas de distinta nacionalidad son siempre "diferentes". ¿Qué crees que es lo mejor y lo peor de vivir con alguien de otra cultura?**

3.1.1. 👤 ✏️ **Lee con atención el cuadro y complétalo con la información que te ofrecemos a continuación.**

- ☐ Encontrar una segunda patria.
- ☐ Vivir en un país solo porque tu pareja es de allí.
- ☐ Facturas enormes de teléfono.
- ☐ Si la relación es a distancia, puedes conservar tu independencia.

Lo mejor	Lo peor
■ La posibilidad de conocer otra cultura, sin salir de tu propio país.	■ No entender muchas veces las reacciones de tu pareja.
■ Tener hijos bilingües.	■ Tener que vivir lejos de tu familia y tu entorno.
■ Descubrir otro estilo de vida y otra visión del mundo.	■ Estar lejos de tus amigos.
■ Entender mejor la cultura propia, al explicársela al otro.	■ Depender de tu pareja durante el periodo de adaptación.
■	■ Decidir en qué país vivir y en qué cultura educar a los hijos.
■	■ ....
	■ ....

Texto adaptado de *El País semanal*

3.1.2. 👤 ✏️ **Ahora, busca en el texto anterior las palabras o expresiones a las que se refieren las siguientes definiciones:**

a Personas que hablan dos idiomas perfectamente.

b Ideas y prejuicios. Forma de ver las cosas.

c Lugar de acogida donde te sientes como en casa.

d Persona con la que vives una relación sentimental.

3.2. 👤 ✏️ **Valeria Kovachova y Jacinto Rivera de Rosales nos cuentan su historia. Léela atentamente:**

¡VIVA LA DIFERENCIA!
Lo mejor y lo peor de enamorarte de un extranjero

Valeria y Jacinto se conocieron en un curso de verano de alemán en Berlín. Ella es eslovaca, él, español. Seis meses después se casaron. Llevan ya dieciocho años juntos y son muy felices. Valeria vino a vivir a España. Al principio fue difícil, porque no hablaba español y pensaba que las mujeres españolas no trabajaban fuera de casa. Sin embargo, no tuvo demasiados problemas. Empezó a estudiar español y se dedicó a la traducción y a dar clases de lenguas extranjeras, y es que Valeria ya hablaba ruso, alemán, francés, húngaro y eslovaco. Dice que durante aquellos años su mejor profesor fue su marido. También fue su mejor amigo. Jacinto no ve ninguna desventaja en una relación entre personas de distintas culturas: "Cuando quieres a alguien, te sientes muy cerca de esa persona y las cosas salen bien".

Adaptado de El Semanal

3.2.1. 👤 ✏️ **Ahora, señala solo la información correcta. Busca en el texto la frase equivalente.**

☐ Cuando Valeria vino a España, las mujeres españolas todavía no trabajaban fuera de casa.

☐ Se casaron al poco tiempo de conocerse.

☐ Valeria es profesora de idiomas.

☐ Jacinto cree que vivir con una persona de otro país no tiene ventajas.

☐ Jacinto piensa que con amor se superan todas las dificultades.

3.2.2. 👪 💬 **Compara una relación como la descrita en el texto con una en la que ambos cónyuges son de la misma nacionalidad. Fíjate en el cuadro:**

- Comparación de igualdad:
  - *Tan* + **adjetivo/adverbio** + *como*
    Ejemplo: *Valeria y Jacinto son tan felices como cualquier otra pareja.*
    Valeria habla español casi tan bien como Jacinto.
  - *Tanto/tanta/tantos/tantas* + **sustantivo** + *como*
    Ejemplo: *Ellos tienen tantos problemas como nosotros.*

- Comparación de desigualdad:
  - Inferioridad: *menos* + **sustantivo/adjetivo/adverbio** + *que*
    Ejemplo: *Jacinto habla menos idiomas que Valeria.*
  - Superioridad: *más* + **sustantivo/adjetivo/adverbio** + *que*
    Ejemplo: *Su experiencia es más satisfactoria que la nuestra.*

- Superlativos:
  - Relativos: *el/la/los/las más* + **adjetivo** + *de*
    Ejemplo: *Ana es la más alta de la clase.*
  - Absolutos: **adjetivo** + *-ísimo/a/os/as*
    Ejemplo: *Jacinto está contentísimo.*

 Recuerda:
  · Mejor ➡ bueno
  · Peor ➡ malo
  · Mayor ➡ grande/viejo
  · Menor ➡ pequeño/joven

3.2.3. 👤 ✏️ **Escribe un pequeño texto dando tu opinión o contando una historia parecida a la de Valeria y Jacinto.**

4 ¡Vivan los novios!

4.1. Dicen que en España las bodas vuelven a estar de moda. Se calcula que anualmente contraen matrimonio unas trescientas mil parejas. ¿Ocurre lo mismo en tu país? Comenta las siguientes preguntas con tus compañeros.

- ¿Se casa más gente ahora que antes?
- ¿Se prefiere la boda religiosa o la civil?
- ¿Cómo es la ceremonia?
- ¿La fiesta dura un día, menos de un día o varios días?
- ¿Hay alguna tradición especial, algo que tiene que llevar la novia o el novio?
- ¿Qué tipo de regalos reciben los novios? ¿Reciben dinero?

4.2. Gitanos y payos han convivido en España desde el siglo XV, pero algunas costumbres son diferentes para cada comunidad. Una de ellas es la boda. A continuación, vas a leer un texto en el que se describe una boda tradicional gitana. Antes, relaciona estas palabras con su definición.

1	Caramelo	•	• a	Acto público o privado celebrado con solemnidad y según ciertas normas establecidas
2	Ceremonia	•	• b	Dulce, golosina
3	Corona	•	• c	Acto repetido invariablemente siguiendo unas normas establecidas
4	Enlace	•	• d	Adorno en forma de aro para rodear la cabeza
5	Herencia	•	• e	Limpieza, inocencia
6	Ley	•	• f	Lo que una persona recibe de sus antepasados
7	Pañuelo	•	• g	Música y canción de influencia andaluza. Baile para esta música
8	Pureza	•	• h	Regla, norma, precepto
9	Rito	•	• i	Trozo de tela cuadrangular
10	Rumba	•	• j	Unión

4.2.1. Ahora, ya puedes leer el texto.

La boda gitana,
un ritual que se conserva con orgullo

El paso del tiempo y la implantación de las nuevas tecnologías y de la era virtual no han afectado a las leyes gitanas, que se siguen conservando y practicando con reverencia y solemnidad. Una de esas leyes es la que rodea el rito de la boda gitana, una ceremonia que sorprende por lo que representa, pero que para los gitanos es motivo de orgullo y la conservan con absoluta fidelidad. Es la herencia de un pueblo que sigue luchando en el siglo XXI por no perder unas señas de identidad que le hacen diferente.

CONTINÚA ····⁝····

Una boda gitana es todo un ritual.

María Giménez Giménez, "Gordita", de 16 años de edad, se casó el pasado 11 de mayo con Óscar Martínez Contreras, "Cunta", de 19 años. El enlace comenzó el día anterior, el 10 de mayo, con la "fiesta del pañuelo", una tradición gitana que se conserva con fervor, y que sirve para comprobar la virginidad de la novia. Paca, de Zaragoza, es la encargada de llevar a cabo la ceremonia del pañuelo: "Algo que llevo haciendo diez años y que para mí es un gozo. Para los gitanos es la ley, y sacamos el pañuelo con mucho orgullo. Si nos falta el pañuelo, ya no somos gitanos".

Fotografía: Casimiro Moreno

A las cuatro de la tarde empieza la celebración. María revive el día: "La casa está llena de gente, casi todo mujeres. Los hombres, los niños, jóvenes y mayores están en la puerta. Yo voy bailando con los familiares que vienen a felicitarme. Bailamos rumbas y salsa. Todos me besan y me abrazan. Estoy nerviosa". Su madre, Caridad Giménez, "Guasona", recuerda también su nerviosismo: "Es algo emocionante, lo más bonito de la boda, porque significa coronar a los padres, abuelos, tíos..., a toda la familia".

A las cuatro y media de la tarde, un hombre de la familia entrega el pañuelo para cumplir con la ley gitana. Mientras que en la calle hay aplausos y felicitaciones, en el interior de la casa, María, sentada en el suelo, recibe una lluvia de peladillas y caramelos, símbolos de pureza.

Durante la tarde, continuó la fiesta. El 11 de mayo, a las seis de la tarde, el concejal de Fiestas, Andrés Poyuelo, casó a la pareja en el Ayuntamiento de Huesca. Después de la ceremonia civil, María, Óscar y sus quinientos invitados se desplazaron al restaurante *El Cobertizo*, donde completaron el ritual de la boda gitana cantando una "rondeña".

Adaptado de Susana Deito, *Diario del Alto Aragón*

4.2.2. Un *mote* es un sobrenombre. A María todos le llaman "Gordita". Si ese es su mote, ¿cuál es el mote de Óscar? ¿Y el de Caridad?

4.2.3. Resume las tres ideas principales del texto anterior, utilizando las palabras que te proponemos.

Primera idea

> Las costumbres •
> Los avances tecnológicos •
> La comunidad gitana •
> Los ritos • Cambiar • Conservar

Segunda idea

> La novia • El pañuelo •
> El símbolo • La pureza •
> Los familiares • Demostrar •
> Bailar • Felicitar

Tercera idea

> Los dulces • El símbolo •
> La pureza • La novia • El ritual •
> La "rondeña" • Echar •
> Representar • Finalizar

4.2.4. 👤✏️ **En el texto aparecen fragmentos con las palabras exactas de algunos protago-
nistas de la noticia. Eso es lo que llamamos estilo directo. Vuelve a leer el artículo y
marca todos los pasajes en estilo directo. Después, escríbelos en los espacios que te
damos a continuación y señala las diferencias como en el ejemplo.**

Paca:

❝ Algo que llevo haciendo diez años y que para mí
es un gozo. Para los gitanos es la ley, y sacamos el
pañuelo con mucho orgullo. Si nos falta el pañuelo,
ya no somos gitanos ❞

> Paca dice que es algo
> que lleva haciendo diez años y que
> para ella es un gozo. Dice que para los
> gitanos es la ley y que sacan el pañuelo
> con mucho orgullo. Que si les falta
> el pañuelo, ya no son gitanos.

María:

❝ ....
....
.... ❞

> María dice que la casa
> está llena de gente, que casi todo
> son mujeres. Que los hombres, los
> niños, jóvenes y mayores, están en
> la puerta. Que ella va bailando con
> los familiares que van a felicitarla.
> Que bailan rumbas y salsa. Que todos
> la besan y la abrazan.
> Que está nerviosa.

Caridad Giménez:

❝ ....
....
.... ❞

> Caridad Giménez afirma
> que es algo emocionante, que es
> lo más bonito de la boda, porque
> significa coronar a los padres, abuelos,
> tíos..., a toda la familia.

4.3. 👥✏️ **Ahora que has señalado los cambios, completa el cuadro gramatical para comprender mejor cómo se transmiten las palabras de otra persona.**

- Cuando transmitimos a alguien las palabras que otra persona acaba de decir, usamos un verbo intro-
ductor como **afirmar** o [   ].

- Para introducir información, utilizamos la conjunción [   ].

- Si la persona habla de sí misma *(yo)* o de un grupo en el que se incluye *(nosotros)*, en la transmisión
del discurso el verbo cambia de primera persona a tercera persona.

    Ejemplos: *Paca: "**Sacamos** el pañuelo"*
    Paca dice que .... el pañuelo

    María: "Yo .... bailando con los familiares..."
    María dice que ella .... bailando con los familiares...

- Los pronombres personales también cambian.

    Ejemplo: *María: "Todos **me** besan y .... abrazan"*
    María dice que todos .... besan y .... abrazan

4.4. 👥 ✏️ **Ahora, vamos a practicar. El abuelo de María está un poco sordo. Ayúdalo transmitiéndole lo que se dice a su alrededor.**

1
Juez: "Yo os declaro marido y mujer".
Abuelo: ¿Qué dice?
Tú: Que los declara marido y mujer.

2
Novio: "Sí, quiero".
Abuelo: ¿Qué dice?
Tú: ....

3
Madre: "Estoy emocionada".
Abuelo: ¿Qué dice?
Tú: ....

4
Novia: "Es el día más feliz de mi vida".
Abuelo: ¿Qué dice?
Tú: ....

5
Todos: "¡Vivan los novios!"
Abuelo: ¿Qué dicen?
Tú: ....

6
Padre: "¡Qué feliz estoy, hija!"
Abuelo: ¿Qué dice?
Tú: ....

4.5. 👥 📖 **Con tu compañero, ordena esta conversación telefónica.**

- ▶ Que llamo para reservar una mesa.
- ▷ Perdón, ¿cómo dice?
- ▶ Eso es. Muchas gracias. Adiós.
- ▷ Que si son fumadores.
- ▷ Bien, ¿a qué hora la quiere?
- ▶ Perdón, no le oigo bien, ¿qué dice?
- ▷ Que a qué hora la quiere.
- ▶ Ah, sí, a las diez.
- ▷ ¿Cuántos comensales?
- ▶ ¿Perdón?
- ▷ Restaurante *Los Laureles*, ¿dígame?
- ▶ Cinco.
- ▷ Muy bien, ¿fumadores?
- ▶ ¿Cómo?, disculpe, es que le oigo muy lejos.
- ▶ Sí, hola..., buenas tardes. Llamo para reservar una mesa.
- ▶ Armando Gutiérrez.
- ▶ No, no.
- ▷ Bien, ¿a nombre de quién?
- ▷ Le confirmo, a las diez de la noche, para cinco personas, a nombre de Armando Gutiérrez.
- ▷ Que cuántos comensales van a ser.

4.5.1. 👤 🎧 **Ahora, escucha y comprueba.**
[20]

- Cuando repetimos una pregunta porque no se ha entendido o no se ha oído, usamos como introductora la conjunción *que* cuando la pregunta es abierta, por ejemplo,

  Ejemplos: *Que a qué hora la quiere.*

  Que cuántos son.

- Cuando la pregunta es cerrada, es decir, de respuesta *sí* o *no*, introducimos la transmisión con la conjunción *(que) si*, por ejemplo,

  Ejemplo: *Que si son fumadores.*

4.6. **Haz las siguientes preguntas a tu compañero, pero asegúrate de que no te entiende la primera vez. Para ello, habla muy rápido o muy bajo, en tu lengua, con la mano en la boca o haciendo ruido. Tu compañero va a hacerte unas preguntas, seguramente no podrás entenderle la primera vez. No te preocupes, solo pídele que repita para poder responderle.**

alumno a

1. ¿Qué haces esta noche?
2. ¿Cuándo es tu cumpleaños?
3. ¿Vienes a tomar un café?
4. ¿Te gustan los helados?
5. ¿Dónde te has comprado ese jersey tan bonito?

alumno b

1. ¿Cómo estás?
2. ¿Por qué estás tan serio?
3. ¿Me das un caramelo?
4. ¿Qué quieres hacer?
5. ¿Vamos al cine?

4.7. **[21] Olga, tu compañera de piso, ha decidido casarse. Desde que lo anunció, no deja de sonar el teléfono y el contestador está colapsado. Déjale notas con la información de los mensajes del contestador para poder borrarlos.**

4.8. **Dime cómo eres y te diré qué boda quieres. Elegir el modelo de tarjeta de invitación para una boda es algo personal y difícil.**

▢ ¿Qué te parecen nuestras tarjetas? Reacciona.

▢ ¿Cómo son estas invitaciones en tu país?

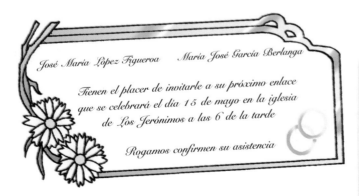

4.9. [icon] [BLA icon] **¿Sabes qué es una despedida de soltero?**

En España es una costumbre generalizada celebrar la despedida de soltero o soltera, días antes de la boda. Los amigos son los organizadores de la fiesta: cena, baile, sorpresas, bromas, regalos... La juerga puede durar hasta el día siguiente. La tradición es salir chicos y chicas por separado, aunque, en ocasiones, se reúnen para terminar la fiesta conjuntamente.

¿Cómo se celebra en tu país? ¿Se prepara alguna sorpresa? ¿Se hace algún regalo? Si has estado en alguna, ¿cómo fue? Coméntalo con tus compañeros.

4.9.1. [ABC icon] [BLA icon] **¿Qué es lo más extraño, sorprendente, emocionante, aburrido u horrible que has escuchado de una despedida de soltero? Clasifica las siguientes expresiones en el cuadro correspondiente.**

◆ No podemos hacerlo	◆ Fantástico	◆ ¡Qué rollo!
◆ ¡Qué interesante!	◆ ¡Eso no, hombre, no!	◆ ¡Qué aburrimiento!

Expresar interés y entusiasmo	Expresar desinterés o aburrimiento	Decir que no se puede hacer algo
¡Es maravilloso!	¡Qué soso!	No, no.
¡Bravo!		
¡Muy bien!	¡Es que es tan aburrido...!	¡Imposible!

4.10. [icon] [headphones icon] **¿Te acuerdas de Olga? El tiempo pasa y sigue muy preocupada, pero también**
[22] **muy ilusionada, con los preparativos de su boda. Escucha con atención y reacciona utilizando alguna de las expresiones anteriores.**

1. ....
2. ....
3. ....
4. ....
5. ....

4.11. [icon] [BLA icon] **Preparar una boda es algo bastante complicado. ¿Qué tienen que hacer los novios durante los meses o semanas anteriores a la ceremonia? ¿Es igual en tu país? Explica las posibles diferencias a tus compañeros.**

Ejemplo: *Tienen que ir a escoger los regalos de la lista de boda...*

4.12. [icon] [BLA icon] **Os vais de boda. Según la boda que habéis escogido, decidid qué os vais a poner, cómo vais a ir, qué vais a regalar...**

1. Una prima vuestra se casa por la iglesia católica, en domingo, a las doce de la mañana, con comida y baile de tarde.

2. Un compañero de clase se casa en Estocolmo, ceremonia civil y comida para la familia.

3. Tu profesor se casa en su pequeño pueblo natal de la provincia de Segovia, y lo celebra comiendo cordero en la plaza del pueblo.

4. Vuestro mejor amigo se casa con una condesa en su palacio de la Toscana.

CONTINÚA ⋯⋯

¿Qué llevar?	¿Qué regalar?	¿Cómo ir?
ir { de largo / de corto / de chaqué / formal / informal	algo personal dinero algo para la casa 　vajilla 　cubertería 　juego de café 　electrodomésticos 　...	en coche en autocar en avión a caballo ...

AUTOEVALUACIÓN AUTOEVALUACIÓN AUTOEVALUACIÓN

1. Hemos buscado algunas palabras en el diccionario. Lee atentamente su significado:

Cojo, -a adj. y n. 1. Se aplica a una persona o animal al que le falta un pie o pierna o los tiene defectuosos, por lo que anda imperfectamente. 2. Se aplica a un razonamiento o frase que queda incompleto. 3. Primera persona del singular del presente de indicativo del verbo *coger*. Tomo.

Caro, -a adj. 1. Se aplica a lo que cuesta mucho dinero. 2. (En lenguaje culto o literario) Querido.

Comida n. f. 1. Conjunto de todas las cosas que sirven para comer. 2. (Hacer, dar, ofrecer, celebrar, tener) Acto en que una o más personas, generalmente sentadas frente a una mesa, comen distintas cosas. 3. En sentido restringido, generalmente la del mediodía.

En las siguientes frases, di a qué definición pertenecen las palabras *cojo, caro, comida*.

1. Ese discurso queda cojo, tienes que volver a redactarlo ....

2. El perro está cojo, por eso no puede correr ....

3. Los taxis son muy caros ....

4. ¡Mi caro amigo Félix!, ¡qué alegría! ....

5. ¿Tenemos suficiente comida? ....

6. ¿A qué hora tenemos la comida? ....

Recuerda que no siempre la primera definición que te da el diccionario es la correcta. Debes fijarte en la función que cumple la palabra que buscas dentro de la frase. Además, es mejor leer los ejemplos que aparecen en el diccionario para estar seguro de que el contexto es parecido.

2. Ahora, haz otras frases contextualizando los significados.

• ....

• ....

• ....

3. Finalmente, anota todas las palabras relacionadas con las anteriores que puedas recordar en tres minutos.

Para ampliar y recordar vocabulario, lo mejor es asociar unas palabras con otras, sinónimas, antónimas, de la misma familia o de la misma categoría.

a. Caro, barato,...

b. Comida, almuerzo, patatas,..

c. Cojo, manco,...

AUTOEVALUACIÓN AUTOEVALUACIÓN AUTOEVALUACIÓN

Unidad 7

Contenidos funcionales
- Descripción de hábitos y costumbres en pasado
- Descripción de personas, animales y objetos en pasado
- Hablar de las circunstancias en las que se desarrolló un acontecimiento

Contenidos gramaticales
- Pretérito imperfecto: morfología y usos
- Contraste presente/pretérito imperfecto
- Marcadores temporales: *antes/ahora*
- *Soler* + infinitivo
- Adverbios y expresiones de frecuencia

Contenidos léxicos
- La casa: el trabajo doméstico
- La escuela
- Etapas históricas
- Inventos y descubrimientos

Contenidos culturales
- El desempeño de las labores domésticas en la España actual
- La escuela española de mediados del siglo XX
- Literatura: Pablo Neruda, Ana María Matute
- Civilizaciones relacionadas con el mundo hispano: mayas, íberos, aztecas y griegos

1.1. ¿Sabes qué significa la palabra "maruja" en español? Aquí tienes tres acepciones. Discute con tus compañeros cuál es la más adecuada y comprueba en el texto de 1.1.1. tu respuesta.

☐ Mujer dedicada a las labores del hogar.

☐ Mujer que trabaja fuera de casa.

☐ Mujer que sale a faenar al mar.

1.1.1. Lee este texto.

Antes, las mujeres/esposas se dedicaban casi exclusivamente a las labores domésticas y tenían también a su cargo la educación y el cuidado de sus hijos. Mientras, los hombres/maridos trabajaban fuera de casa para mantener económicamente a la familia. Con la incorporación de la mujer al mundo laboral, el papel de ama de casa comenzó a desvalorizarse, apareciendo el término despectivo "maruja" para nombrar a aquellas mujeres que seguían manteniendo exclusivamente ese papel.

Sin embargo, en la actualidad, se ha vuelto a revalorizar el trabajo del ama de casa. El hombre, poco a poco, comparte las tareas del hogar y participa activamente en la educación de los hijos. Algunos partidos políticos se plantean remunerar el trabajo de las tareas domésticas, considerado fundamental para la sociedad.

El término maruja se sigue utilizando despectivamente, e incluso se ha inventado el correspondiente masculino, "marujo".

- Maruja: del femenino "María". Mujer dedicada a las labores del hogar.

- Marujear: hacer las labores del hogar o contar cotilleos.

1.1.2. ¿La evolución en la consideración de las labores domésticas ha sido igual en tu país? Comenta las diferencias con tus compañeros.

1.1.3. En el texto aparece un nuevo tiempo del pasado que se llama pretérito imperfecto. Anota las frases donde aparece.

1. Las mujeres se dedicaban...

2. ....

3. ....

4. ....

1.1.4. Haz una lista con las tareas domésticas más habituales. Puedes consultar el diccionario.

1.1.5. 👤 ✎ **Completa el cuadro para obtener las formas de pretérito imperfecto.**

Verbos regulares

	Lav **-ar**	Barr **-er**	Herv **-ir**
Yo	lavaba	barría	hervía
Tú			hervías
Él/ella/usted			
Nosotros/as	lavábamos		hervíamos
Vosotros/as	lavabais	barríais	
Ellos/ellas/ustedes	lavaban		hervían

Verbos irregulares

	Ser	Ir
	era	iba
	eras	ibas
	era	iba
	éramos	íbamos
	erais	ibais
	eran	iban

1.2. 👤 ✎ **En el cuadro funcional de los usos del pretérito imperfecto no están los ejemplos siguientes. ¿Puedes ponerlos en su lugar?**

· *La casa donde vivía antes tenía un cuarto de estar enorme y entraba mucha luz por las ventanas.*

· *Mientras yo fregaba los platos, mi novio hacía la comida.*

· *Antes fumaba mucho, no hacía deporte y me sentía mal. Ahora llevo una vida más sana y estoy mucho mejor.*

Usos del pretérito imperfecto

* **Expresa acciones habituales en el pasado**

    Ejemplo: *Cuando yo **tenía** tu edad, no **podía** salir hasta muy tarde, **tenía** que estar a las diez en casa.*

    ....

* ***Soler* + infinitivo** también expresa acciones habituales en el pasado.

    Ejemplo: *Cuando **éramos** pequeños, mi padre **solía llevarnos** al colegio por las mañanas.*

* **Describe en el pasado**

    Ejemplo: *Mi abuelo Marcos **era** un hombre fuerte, **tenía** muy buen carácter y **era** muy inteligente. Sus ojos **eran** grises, y su pelo, canoso.*

    ....

* **Presenta una acción en desarrollo en el pasado**

    Ejemplo: *Cuando **comíamos**, se apagó la luz.*

* **Expresa dos acciones simultáneas en el pasado**

    Ejemplo: ***Siempre que venía** a vernos, nos **traía** un regalo.*

    ....

Fíjate en los marcadores temporales que pueden acompañar a las acciones habituales en pretérito imperfecto

Generalmente	Normalmente	Antes
A veces	Muchas veces	Siempre
Casi siempre	Nunca	Casi nunca

Todos/as	los días las semanas los meses los años	Todas	las mañanas las tardes las noches

1.3. [23] **Vas a escuchar una canción de unos payasos muy famosos en España. Antes, la protagonista era la esposa, pero en la nueva versión es el marido quien lo hace todo. Completa los espacios en blanco.**

Miércoles antes de almorzar
la partida iba a echar,
pero no la pudo echar
porque tenía que ....
Así ...., así, así,
así ...., así, así,
así ...., así, así,
así ...., que yo lo vi.

Lunes antes de almorzar
un marido fue a correr,
pero no pudo correr
porque tenía que ....
Así ...., así, así,
así ...., así, así,
así ...., así, así,
así ...., que yo lo vi.

Sábado antes de almorzar
un marido fue a pescar,
pero no pudo pescar
porque tenía que ....
Así ...., así, así,
así ...., así, así,
así ...., así, así,
así ...., que yo lo vi.

Jueves antes de almorzar
un vinito fue a tomar,
y no lo pudo tomar
porque tenía que ....
Así ...., así, así,
así ...., así, así,
así ...., así, así,
así ...., que yo lo vi.

Martes antes de almorzar
él quería ir al billar,
pero le salió muy mal
porque tenía que ....
Así ...., así, así,
así ...., así, así,
así ...., así, así,
así ...., que yo lo vi.

Domingo antes de almorzar
con su equipo fue a jugar,
pero no pudo jugar
porque tenía que ....
Así ...., así, así,
así ...., así, así,
así ...., así, así,
así ...., que yo lo vi.

Viernes antes de almorzar
un ratito se iba a echar,
pero no se pudo echar
porque tenía que ....
Así ...., así, así,
así ...., así, así,
así ...., así, así,
así ...., que yo lo vi.

Los días de la semana. Miliki (Emilio Aragón). A mis niños de 30 años

1.4. **Aunque las cosas están cambiando en España, y hombres y mujeres se reparten las tareas domésticas, todavía son las mujeres las que, quizá, más tiempo dedican al hogar. ¿Ocurre lo mismo en tu país? Comenta lo que se hacía antes y lo que se hace ahora.**

ANTES	AHORA
Mi padre leía el periódico mientras esperaba el desayuno.	Mi padre prepara el desayuno.

2.1. Mira el dibujo. Representa una clase de mediados del siglo pasado. ¿Qué diferencias encuentras con tu clase? ¿Qué cosas son iguales o parecidas?

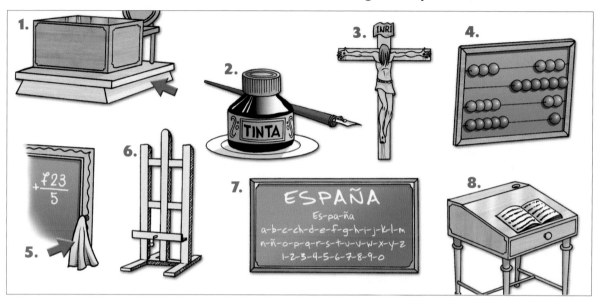

1.

2. TINTA

3. INRI

4.

5.

6.

7. ESPAÑA
Es-pa-ña
a-b-c-ch-d-e-f-g-h-i-j-k-l-m
n-ñ-o-p-q-r-s-t-u-v-w-x-y-z
1-2-3-4-5-6-7-8-9-0

8.

$+\dfrac{\not 23}{5}$

2.1.1. Lee este texto y completa el dibujo con los nombres marcados en negrita.

La escuela de ayer. ¿Cómo era la escuela a mediados del siglo pasado?

En las aulas había más de 50 alumnos. Los materiales eran comunes, y los métodos de aprendizaje eran la repetición, el canto y el **ábaco**. Como había alumnos de distintas edades en la clase, los mayores ayudaban al maestro en la enseñanza.

En las paredes del aula colgaban **carteles** de lectura junto con los mapas y los carteles de Historia Sagrada que representaban escenas de la Biblia. Las pizarras se ponían sobre un **caballete**; para borrarlas, se frotaba con un **trapo**. Frente a los alumnos, la **tarima** del profesor, y detrás, un **crucifijo**, un retrato del Jefe del Estado y las oraciones de entrada y salida que los niños entonaban diariamente.

Para escribir se empleaban los **tinteros**. Los **pupitres** tenían espacio para el tintero y la pluma. Alguna vez caían manchas de tinta en el cuaderno, pero se tenía mucho cuidado con la presentación. Se llevaban dos cuadernos; el de limpio y el de sucio. En la posguerra se empleaba también un cuaderno que se llamaba de rotación. Cada alumno hacía una parte del cuaderno. Era como un resumen del trabajo de la clase que había que presentar cuando llegaba la inspección.

Se daba mucha importancia a la caligrafía; los niños tenían que escribir bonito. Muchas veces, los niños no asistían a la escuela porque tenían que ayudar a sus padres en el campo o en el mercado. Las escuelas se diferenciaban por sexos, por lo que los niños y las niñas no compartían aulas. Pocas mujeres estudiaban.

En España existe el refrán "Pasas más hambre que un maestro". Los maestros ganaban muy poco dinero, sin embargo tenían un gran prestigio social. La disciplina era muy estricta; si el estudiante no sabía algo o se portaba mal, se permitían los castigos corporales.

2.1.2. 👥 ✏️ **Señala si las siguientes afirmaciones son verdaderas o falsas. Justifica tu respuesta.**

	Verdadero	Falso
1. El aprendizaje era reflexivo e individual	☐	☐
2. Todos los alumnos de una misma clase tenían la misma edad	☐	☐
3. El cuaderno de rotación era un cuaderno que reflejaba lo que se iba haciendo en clase	☐	☐
4. Era muy importante escribir con buena letra	☐	☐
5. Los profesores tenían un buen salario	☐	☐
6. Las clases eran mixtas	☐	☐
7. La mujer no tenía muchas oportunidades de estudio	☐	☐

2.1.3. 👥 🗨️ **Basándote en el texto, habla sobre las diferencias entre la escuela de antes y la de ahora en tu país.**

Ejemplo: *El texto dice que se usaba el tintero, pero cuando yo iba a la escuela ya teníamos bolígrafos y ahora, incluso, hay aulas con Internet.*

2.2. 👥 🗨️ **Relaciona las frases según su significado:**

1 Antes jugaba al fútbol todos los días	a Solíamos comer en casa los domingos
2 Normalmente comíamos en casa los domingos	b ¿Dónde solíais veros?
3 ¿Qué hacías los lunes?	c ¿Qué solías hacer los lunes?
4 ¿Dónde os veíais?	d Solía jugar al fútbol todos los días

2.2.1. 👤 ✏️ **Fíjate en los ejemplos del ejercicio anterior y marca las opciones correctas.**

- Usamos el verbo *soler* en imperfecto + infinitivo, para:
  - ☐ marcar el desarrollo de una acción
  - ☐ marcar una acción que se repite en el pasado
  - ☐ describir
  - ☐ marcar un hábito del pasado
  - ☐ marcar que una acción sucede solo a veces

2.3. 👥 🗨️ **Habla de tu niñez. Escribe lo que solías hacer y luego compara con tu compañero. ¿Qué teníais en común? ¿Qué era diferente?**

YO	MI COMPAÑERO
Solía jugar al baloncesto los domingos	Solía comer en casa de su abuela

2.3.1. 👥 🗨️ **Ahora, busca por la clase compañeros con las mismas costumbres que tú cuando eras pequeño.**

3.1.  ¿Conoces a Pablo Neruda? Lee esta breve biografía.

Neftalí Ricardo Reyes Basualto, su nombre verdadero, nace el 12 de julio de 1904, en el pueblo de Parral, Séptima Región de Chile. En el año 1921, gana su primer premio literario y publica ya su primer libro, *Crepusculario*. En 1924, sale *Veinte poemas de amor y una canción desesperada*, que lo consagra como un gran valor joven de la literatura. A partir de 1927, ejerce de diplomático en distintos países asiáticos. Después de cinco años, vuelve a Chile y, como retrato de su experiencia, escribe *Residencia en la tierra*. En 1934, es trasladado a Barcelona para ser cónsul y en febrero de 1935 va a Madrid para continuar allí su trabajo. Cuando comienza la Guerra Civil Española, es destituido y se traslada a París donde escribe *España en el corazón*. Más tarde, es nombrado cónsul general en México donde permanece realizando su labor hasta 1943. Luego, de regreso a Chile, participa activamente en política nacional y recibe en 1945 el Premio Nacional de Literatura. En 1949, se refugia en el extranjero debido a su militancia política (Partido Comunista) que es declarado ilegal en Chile. En 1950 publica en México su obra cumbre: *Canto general*. Viaja mucho y publica múltiples y reconocidas obras hasta que el 21 de octubre de 1971, obtiene el Premio Nobel de Literatura, siendo el tercer latinoamericano en conseguirlo. Dos años más tarde, el 23 de septiembre de 1973, fallece en Santiago de Chile.

3.2. Antes de escuchar, relaciona las palabras con su definición:

1	Sollozo	a	Conjunto de dos personas
2	Casorio	b	Legal
3	Nostalgia	c	Leve malicia
4	Picardía	d	Casamiento, boda
5	Lícito	e	Hombre aficionado a las mujeres
6	Consagrado	f	Pena por algo que se ha perdido
7	Solterón	g	Acreditado por la ley y la religión
8	Mujeriego	h	Hombre mayor y sin pareja
9	Anticuado	i	Ruido que se hace al respirar cuando se llora
10	Pareja	j	Se refiere a la persona que tiene ideas antiguas

3.2.1. Escucha lo que dice su amigo, escritor y periodista, Jorge Edwards, en el reportaje titulado "El poeta casamentero" de *El País Semanal*. Antes de escuchar, lee las preguntas y comenta, después, las respuestas con tus compañeros.
[24]

1. ¿Por qué Pablo Neruda se llamaba a sí mismo poeta casamentero?
2. ¿Por qué se le acercaban las parejas? ¿Cómo reaccionaba él?
3. ¿Por qué los solteros no le gustaban?
4. ¿Cómo califica Jorge Edwards a Pablo Neruda con respecto al tema de la pareja?

3.2.2. 👤 ✏️ **Ahora, describe cómo era Pablo Neruda con tus propias palabras, basándote en la información que has recibido.**

3.3. 👥 🗨️ **Piensa en alguien a quien no has visto últimamente. ¿Dónde lo viste la última vez?, ¿cómo estaba: contento, triste...?, ¿cómo iba vestido?... Describe a la persona y la situación.**

3.3.1. 👤 📖 **Vas a leer un poema de amor de Pablo Neruda, "Te recuerdo como eras en el último otoño".**

> Te recuerdo como eras en el último otoño.
> Eras la boina gris y el corazón en calma.
> En tus ojos peleaban las llamas del crepúsculo
> y las hojas caían en el agua de tu alma.
>
> Apegada a mis brazos como una enredadera,
> las hojas recogían tu voz lenta y en calma.
> Hoguera de estupor en que mi sed ardía.
> Dulce jacinto azul torcido sobre mi alma.
>
> Siento viajar tus ojos y es distante el otoño:
> boina gris, voz de pájaro y corazón de casa
> hacia donde emigraban mis profundos anhelos
> y caían mis besos alegres como brasas.
>
> Cielo desde un navío. Campo desde los cerros.
> ¡Tu recuerdo es de luz, de humo, de estanque en calma!
> Más allá de tus ojos ardían los crepúsculos.
> Hojas secas de otoño giraban en tu alma.
>
> *Poema 6, Veinte poemas de amor y una canción desesperada*

3.3.2. 👥 🔤 **¿Cómo era esta mujer? Ayúdanos a completar este cuadro, buscando en el poema las palabras que se piden y, con ellas, deduce qué carácter tenía.**

- Una estación del año: el ....
- Una parte del día: el crepúsculo.
- Colores: gris, ...
- Palabras que caracterizan algo (adjetivos): apegada, ..., ...,
.................., distante, ..., ..., ...

- Yo creo que la mujer era: ....

3.3.3. 👤 ✏️ **Vuelve a pensar en tu personaje del ejercicio 3.3. y elige para él los elementos necesarios para construirle el poema que te proponemos.**

- Una estación del año: ....
- Una parte del día: ....
- Colores: ....
- Palabras que caracterizan algo (adjetivos):
....
....
....

> Eras el ....
>
> Eras el crepúsculo
>
> Eras gris y ....
>
> Apegada y ....
>
> .... y distante.

4.1.  ¡Descubre lo que pasa! En este dibujo vas a encontrar algunas cosas que no pertenecen a la época de los faraones de Egipto. Se llaman "anacronismos". Son ocho.

Adaptado de *El País Semanal*

4.2. Aquí tienes viviendas, costumbres, transportes, etc., característicos de un momento de la Historia. Para evitar anacronismos, ¿con qué época o épocas relacionas cada uno de ellos?

	Prehistoria	Edad Antigua	Edad Media	Edad Moderna	Edad Contemporánea
• Casa					
• Castillo					
• Palacio					
• Cueva					
• Piso					
• Rascacielos					

	Prehistoria	Edad Antigua	Edad Media	Edad Moderna	Edad Contemporánea
• Cultivar la tierra					
• Cuidar el ganado					
• Rezar					
• Luchar					
• Hacer deporte					
• Salir de copas					

	Prehistoria	Edad Antigua	Edad Media	Edad Moderna	Edad Contemporánea
• Avión					
• Barco					
• Globo					
• Caballo					
• Carro					
• Coche					
• Moto					

	Prehistoria	Edad Antigua	Edad Media	Edad Moderna	Edad Contemporánea
• Túnica					
• Sandalias					
• Manta					
• Armadura					
• Peluca					
• Sombrero					
• Bastón					

	Prehistoria	Edad Antigua	Edad Media	Edad Moderna	Edad Contemporánea
• El reloj de arena					
• La electricidad					
• La rueda					
• El teléfono					
• La brújula					
• El barco de vapor					
• La imprenta					
• El fuego					
• El bolígrafo					
• El petróleo					
• El candil					
• El papel					

4.3. 👤 🎧 **¿Quién es quién? A continuación te hablamos de pueblos que de alguna forma, [25] más o menos cercana, tuvieron relación con el mundo hispano. ¿Puedes relacionar cada civilización con su texto informativo?**

☐ **a.** Mayas	
☐ **b.** Íberos	
☐ **c.** Aztecas	
☐ **d.** Griegos	

4.3.1. 👤 🎧 **Vuelve a escuchar y anota en el cuadro anterior las características más rele-[25] vantes de cada civilización.**

4.4. 👥 💬 **Ahora piensa en un lugar y una época. Tus compañeros tendrán que hacerte preguntas hasta adivinar de qué se trata.**

Ejemplo: *¿Viajaban en barcos de vapor?*

5 ¡Eureka!

5.1. 👥 💬 **Pensad en descubrimientos e inventos que han cambiado la historia y haced una lista.**

Ejemplo: *El fuego*

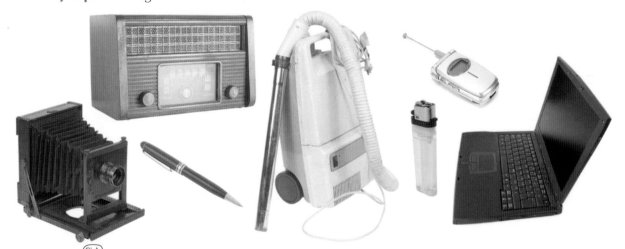

5.1.1. 👥 💬 **Ahora, podéis discutir qué hacíamos antes de la aparición de esos descubrimientos e inventos.**

Ejemplo: *Antes de conocer el fuego, la gente comía carne cruda, frutos de los árboles y plantas.*

5.2. [icons] Hasta ahora hemos hablado de hábitos y costumbres en el pasado. Pero el imperfecto sirve para más cosas. Es una imagen del pasado: describe lugares, situaciones y personas y nos indica las circunstancias en las que sucedió una acción. Describe con tu compañero estas imágenes en imperfecto.

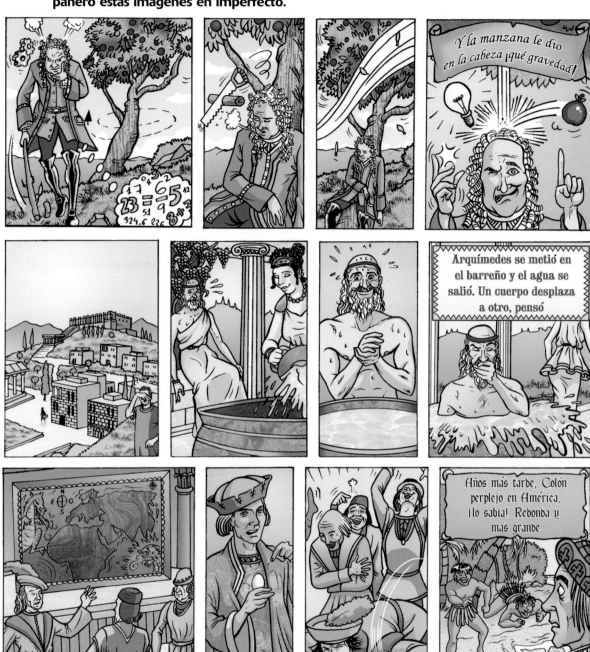

5.2.1. [icons] Con tu compañero, piensa en un descubrimiento, e intenta imaginar las circunstancias que lo rodearon. Después, contádselo a la clase.

5.3. [icons] [26] Escucha ahora esta audición en la que diferentes personas hablan de cómo Internet ha cambiado sus vidas. Señala para qué usan Internet.

	Chatear	Correo electrónico	Información cultural	Vacaciones
Llamada 1	☐	☐	☐	☐
Llamada 2	☐	☐	☐	☐
Llamada 3	☐	☐	☐	☐

5.3.1. 🧑 🎧 **Di si las siguientes afirmaciones son verdaderas o falsas. Lee las frases antes de**
[26] **volver a escuchar el programa.**

	Verdadero	Falso
1. M.ª Jesús solía perder mucho tiempo consultando agencias de viajes antes de contratar sus vacaciones	☐	☐
2. M.ª Jesús nunca reserva el hotel por Internet, pero mira sus características	☐	☐
3. A M.ª Jesús le resulta sencillo escribir correos electrónicos	☐	☐
4. Pedro vive en un pueblo y el *chat* le sirve para conocer a chicas	☐	☐
5. Pedro antes ligaba mucho	☐	☐
6. Rosa usa Internet para sus clases de arte	☐	☐
7. Rosa organiza viajes para visitar museos	☐	☐

5.3.2. 👥 💬 **Por último, comenta con tus compañeros qué ha significado para ti Internet.**

• ¿Escribes más cartas ahora?

• ¿Qué información buscas en Internet? ¿Cómo la buscabas antes?

• ¿Qué páginas te gusta visitar?

• ¿Te gusta chatear?

AUTOEVALUACIÓN AUTOEVALUACIÓN AUTOEVALUACIÓN

En esta unidad te parecen difíciles:

☐ a. Las explicaciones

☐ b. El vocabulario

☐ c. Los textos

☐ d. Las audiciones

☐ e. Los temas para hablar

☐ f. Las tareas de escritura

Consejo: Cada semana dedica un tiempo a pensar en las cosas que has aprendido y a repasarlas mentalmente. También puedes hacer un "semanario" con un resumen de lo estudiado. Algunos ejemplos:

· *Esta semana hemos visto los presentes. Hay verbos en presente que cambian una **e** de la raíz por **ie**, por ejemplo, sentir...*

· *También hemos estudiado vocabulario relacionado con los medios de comunicación; en España hay cadenas de televisión públicas y privadas; las películas extranjeras están normalmente dobladas al español....*

· *He repasado el pretérito perfecto; algunos participios irregulares son...*

· *En la unidad cuatro nos han presentado otro tiempo de pasado, el indefinido; el indefinido es un tiempo cerrado y puntual, de duración determinada, se usa para...*

AUTOEVALUACIÓN AUTOEVALUACIÓN AUTOEVALUACIÓN

Unidad 8

Congreso de los Diputados, Madrid, España

Contenidos funcionales
- Hablar del pasado
- Relacionar dos momentos del pasado
- Hablar de la duración de una acción en el pasado

Contenidos gramaticales
- Contraste pretérito indefinido/pretérito perfecto/pretérito imperfecto
- *Antes de/después de/hace/desde hace/*verbo *durar/durante*

Contenidos léxicos
- La Historia
- Introducción al lenguaje político

Contenidos culturales
- Historia contemporánea de España: la dictadura franquista y la transición
- Literatura: Max Aub

1 Cualquier tiempo pasado **fue mejor**

1.1. Vamos a recordar los marcadores temporales que generalmente se asocian al pretérito perfecto y al pretérito indefinido; para ello completa los cuadros correspondientes.

Pretérito perfecto
nunca
hasta ahora
en mi vida

hoy	ese mes
anoche	el mes pasado
en 1998	ya
aquel día	aún
esta tarde	este verano
todavía	en agosto
últimamente	el martes

Pretérito indefinido
ayer
el otro día
el mes pasado

1.2. Y ahora, escribe cuándo fue o ha sido la última vez que hiciste o has hecho alguna de estas cosas; conjuga los verbos de acuerdo con el marcador que elijas.

La última vez

- tomar café
- hablar por teléfono
- hacer una foto
- mandar un e-mail
- leer un libro
- cenar fuera
- viajar
- ducharse
- beber vino
- oír música
- visitar un museo
- ...

**ha sido...
fue...**

- este fin de semana
- el mes pasado
- ayer
- esta semana
- anoche
- el lunes
- nunca
- en 19..
- hoy
- esta mañana
- el otro día
- ...

La última vez que hice una foto fue ayer.

1.3. Como ya comentamos en la unidad 4, en algunos lugares de España e Hispanoamérica el uso del pretérito perfecto está restringido. Subraya en estos textos los marcadores temporales y las formas verbales y compáralos.

Texto 1:

▷ ¿Qué tal? ¿Viniste por la Rambla o por la calle Canelones?

▶ Por Canelones, pero había un tránsito infernal. [...]

▷ ¿Lo viste a Hugo?

▶ No.

▷ Llamó hoy temprano y dijo que si tenía tiempo iría por la Agencia.

▶ Tal vez haya estado, pero yo me fui a las cinco porque tenía que hablar con el Viejo.

▷ ¿Cómo está tu padre?

▶ Bien, a lo mejor viene mañana. Y te mandó saludos.

▷ No habrán discutido ¿verdad?

▶ No, casi nada.

▷ ¿Será posible que no puedas hablar con tu padre sin pelearlo?

▶ Pero si hoy casi no discutimos. Siempre hay algún razonamiento. Vos sabés que somos muy diferentes.

Gracias por el fuego, Mario Benedetti, 1969

Texto 2:

▷ Hola, señor Raúl. El cartero ha dejado esta carta para usted en la portería. Es de un museo.

Raúl cogió el sobre y leyó el remite. Sí, conocía esa dirección. "¿Serán buenas noticias?" –pensó.

▶ Gracias, señora Sole.

▷ De nada. Le he esperado en la portería para darle la carta, pero no sabía si iba usted a salir hoy y se la he subido. Quizás es urgente. ¿Sabe?

Paisaje de otoño, Ana María Carretero, 2002

1.4. 🧍 ✏️ **Fíjate en este esquema, complétalo con el nombre de los tiempos y relaciona cada ejemplo con el correspondiente.**

Tiempos del pasado

- **Descripción**
  - Acciones habituales
  - Personas o cosas
  - Circunstancias y contextos

1. Pretérito [_____]

- **Narración**
  - Acciones
  - Acontecimientos
    - Relacionados con el presente → **2. Pretérito** [_____]
    - No relacionados con el presente → **3. Pretérito** [_____]

☐ Era un chico alto	☐ Hacía frío y llovía	☐ Nunca hemos estado allí
☐ Hoy he llegado tarde	☐ Anoche, el tren salió muy tarde	☐ Siempre llevaba sombrero
☐ De niño, solía jugar solo	☐ Me llamó ayer por la tarde	☐ Nos ha escrito esta semana

1.5. 🧍 ✏️ **Ahora, lee este confuso texto y completa los espacios con los años mencionados.**

Mi vida es muy complicada.
Me casé en **(1)** ...., o sea hace siete años, con una chica que conocí tres años antes, es decir en **(2)** .... Dos años después, en enero de **(3)** .... , mi mujer y yo nos separamos y hace cuatro años nos divorciamos, por lo tanto estoy divorciado desde **(4)** .... Pero esto no es todo, porque nueve años antes de casarme, en **(5)** ...., conocí a otra chica y estuve viviendo durante dos años con ella, es decir hasta **(6)** .... Con ella tuve un hijo tras un año de convivencia, quiero decir en **(7)** .... Mi hijo se llama Luis y vive en Australia con su madre, no lo veo desde hace cuatro años, es decir, desde **(8)** ...., pero hablamos a menudo por teléfono.

Total, que he tenido dos relaciones, una que duró dos años, desde **(9)** .... hasta **(10)** ...., y otra que empezó cuatro años después y que duró cinco años, de **(11)** .... a **(12)** ....

1.5.1. 👤 🔄 **Completa los ejemplos que faltan en el cuadro con frases del texto anterior.**

Para hablar del pasado...

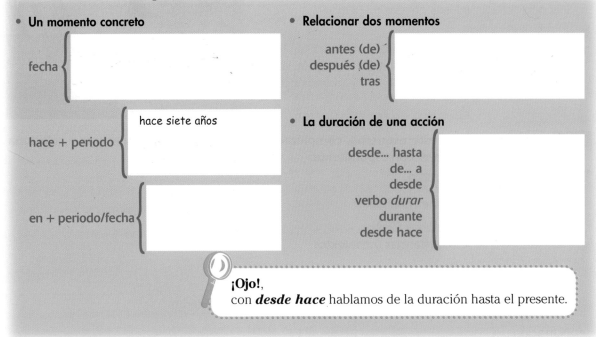

• Un momento concreto	• Relacionar dos momentos
fecha {	antes (de) después (de) tras {
hace + periodo { hace siete años	• La duración de una acción
en + periodo/fecha {	desde... hasta de... a desde verbo *durar* durante desde hace {

🔍 **¡Ojo!**,
con ***desde hace*** hablamos de la duración hasta el presente.

1.6. 👤 🖼️ **Ahora, siguiendo el modelo del ejercicio 1.5., escribe sobre tu trayectoria académica, amorosa, profesional...**

Ejemplo: *Terminé los estudios hace cinco años. Dos años después...*

2 Bueno estaba y se murió

2.1. 👥💬 **¿Qué te sugiere esta foto? ¿Qué le pasa? ¿Conoces a alguien sonámbulo? ¿Conoces alguna historia con sonámbulos?**

2.1.1. 👥📖 Cuando hablamos del pasado no podemos olvidarnos del pretérito imperfecto porque, como has visto en el esquema del ejercicio 1.4., con él nos referimos al contexto, describimos las circunstancias o las acciones habituales del pasado. El siguiente relato está fragmentado. Ordénalo y fíjate en las formas del pasado que se utilizan.

① Era una noche de verano, la luna estaba llena y en el cielo brillaban las estrellas,

② cuando madre e hija salieron al jardín de la casa

③ Y la hija contestó: "¡Asquerosa madre! ¡Egoísta y cretina! que me has educado con prejuicios y temores, que me consideras propiedad tuya y me has robado la libertad, ¿por qué no te mueres ya?".

④ y la madre dijo a la hija: "¡Oh, tú, desgraciada, ingrata, que destruiste mi juventud y me hiciste tu esclava, que me convertiste antes de tiempo en una anciana, ¿por qué no te vas de esta casa y me dejas en paz de una vez?".

⑤ que había en el centro del jardín

⑥ Fueron junto a la fuente

⑦ Entonces cantó el gallo de la mañana y las dos mujeres se despertaron y la madre preguntó "¿eres tú, niñita mía?", y la hija respondió "sí, soy yo, dulce madrecita".

⑧ llevaban los brazos extendidos y tenían los ojos cerrados.

○ ○ ○ ○ ○ ○ ○ ○

Adaptado de *Las sonámbulas* de Khalil Gibran

2.2. 👥✏️ Aquí tienes una serie de viñetas desordenadas. Corresponden a una historia. Primero, ordena las viñetas. Después, cuenta la historia en pasado. No olvides que en toda historia hay una serie de hechos que se producen en determinadas circunstancias.

2.3. 🔲 ✏️ **Lee este texto sobre lo que hace cada día Carmen al volver del trabajo y, luego, ponlo en pasado encabezándolo con el marcador temporal ayer.**

Carmen llega a su casa a eso de las siete y media de la tarde; su madre la espera leyendo el periódico.

Mientras Carmen se da una ducha y se cambia, su madre prepara un café y luego lo toman juntas en el comedor.

Carmen le cuenta a su madre cosas del trabajo, le dice que todos en la oficina están preocupados porque las ventas bajan cada vez más y nadie sabe qué hacer para terminar con esa situación.

La madre le comenta a Carmen cosas de la casa y de la familia, le dice que quiere hacer algunos cambios en el salón y que, como se aburre mucho en casa, está pensando en buscar un trabajo. A Carmen le gusta la idea porque cree que a su madre le conviene hacer vida fuera de casa.

Después del café, Carmen y su madre salen a pasear y a buscar algunas cosas que quieren comprar para el salón. Regresan pronto a casa porque tienen que preparar la cena.

No son todavía las diez cuando empiezan a cenar; luego, se sientan en el sofá y ven un poco la televisión.

Carmen se acuesta pronto porque está cansada y, además, debe madrugar. Su madre se queda en el salón porque todavía no tiene sueño y quiere empezar un libro que ha comprado por la tarde.

Ayer Carmen

2.4. 🔲 💬 **Aquí tenéis una serie de sucesos que os han ocurrido. Pregunta a tu compañero qué le ha pasado, cómo le sucedió, cuándo... Él te explicará las circunstancias y los hechos.**

Ejemplo: ▷ *¿Por qué has llegado tarde?*

▶ *Porque anoche se fue la luz, se me paró el despertador y me he dormido.*

alumno a

Tu compañero:
- No tiene fotos de las vacaciones del verano pasado.
- Este mediodía lo has visto comiendo en el bar.
- Ayer por la noche no lo viste en la discoteca.
- El lunes por la mañana estaba de mal humor.

Tú:
- El domingo pasado / esquiar / romper pierna
- Ayer / perder el avión
- Esta mañana / llegar tarde a clase
- El otro día / inundarse tu habitación

alumno b

Tu compañero:
- Lleva la pierna escayolada.
- Ayer te sorprendió porque te dijo que se iba de viaje.
- Esta mañana no estaba en clase.
- El otro día te llamó para pedirte el teléfono de los bomberos.

Tú:
- El verano pasado / perder tu cámara fotográfica
- Este mediodía / quemarse la comida
- Ayer por la noche / no poder salir con los amigos
- El domingo por la tarde / aburrirse

3.1. Algunas de estas fotos pertenecen a hechos recientes de la historia de España. Discute con tus compañeros cuáles son.

3.2. Relaciona cada palabra con su definición.

1	Elecciones	a	El que puede ejercer el derecho a voto.
2	Referéndum	b	Conjunto de personas que dirigen un Estado.
3	Golpe de Estado	c	Consulta que se hace a los electores sobre una cuestión política.
4	Dictadura	d	Proceso que sirve para elegir a los representantes políticos.
5	Gobierno	e	Conjunto de personas que defienden una misma causa.
6	Partido	f	Elección de un candidato.
7	Guerra civil	g	Intento violento de hacerse con el gobierno de un país.
8	Voto	h	Forma de gobierno con rey.
9	Monarquía	i	Forma de gobierno en donde el poder lo tiene una sola persona no elegida democráticamente.
10	Elector	j	Lucha armada entre bandos de una misma nación.

3.2.1. 👤 🎧 **Ahora, vas a escuchar las fechas de algunos acontecimientos importantes de la**
[27] **historia reciente de España. Relaciónalas con el hecho correspondiente en la tabla que tienes abajo.**

1 Triunfo del Partido Socialista •	• a 1936-1939
2 Segunda República •	• b abril de 1996
3 Aprobación de la Constitución •	• c 1931
4 Dictadura •	• d 1939-1975
5 Ingreso de España en la CEE •	• e 22 de noviembre de 1975
6 Referéndum por la reforma política •	• f octubre de 1982
7 Guerra Civil •	• g junio de 1977
8 Primeras elecciones democráticas •	• h diciembre de 1976
9 Muerte del dictador •	• i 20 de noviembre de 1975
10 Victoria del Partido Popular •	• j 6 de diciembre de 1978
11 Intento de Golpe de Estado •	• k enero de 1986
12 Reinstauración de la Monarquía •	• l 23 de febrero de 1981

3.3. 👤 ✍️ **Lee este texto sobre el papel de Juan Carlos I, Rey de España, en la historia reciente de nuestro país.**

Don Juan Carlos I, Rey de España

El 22 de noviembre de 1975, don Juan Carlos se convirtió en Rey de España. Atrás quedaban casi 40 años de dictadura franquista. Para los españoles empezaba la transición, una etapa de cambios que se inició con la aprobación de la Constitución.

El 22 de noviembre de 1975 comenzó a escribirse una nueva página de la Historia de nuestro país. La comparecencia de don Juan Carlos ante las Cortes para ser proclamado Rey de España inició un periodo nuevo en nuestro país. Dos días antes, el 20 de noviembre, el caudillo Francisco Franco, había muerto. Se ponía fin a una dictadura de casi 40 años.

La nueva etapa era un reto para el joven monarca y para los partidos políticos. Debían restablecerse unas libertades que durante décadas habían desaparecido. En 1977, tuvieron lugar las primeras elecciones democráticas. Adolfo Suárez fue elegido presidente del Gobierno. En 1978, los españoles fueron convocados a un referéndum para aprobar la Constitución.

Pero la llamada Transición estuvo llena de sobresaltos. Un año clave fue 1981. En enero de ese año, Adolfo Suárez anunció su dimisión. El día 20 de ese mismo mes se produjo la primera votación de investidura de Leopoldo Calvo Sotelo. Apenas un mes después, el 23 de febrero, la incertidumbre y el miedo invadieron el país: el teniente coronel Antonio Tejero Molina encabezó un golpe de Estado y asaltó el Congreso de los Diputados con un grupo de guardias civiles.

En estos difíciles momentos, la figura del rey don Juan Carlos fue fundamental. Su aparición ante las cámaras de televisión para manifestar su oposición al golpe reforzó su papel en la Transición.

Tras el golpe vino un periodo de tranquilidad y afianzamiento de la Monarquía. Los Reyes iniciaron entonces una serie de viajes para ganarse el respeto de los líderes internacionales. La institución pronto contó con ese apoyo.

Ahora, años después de su llegada al trono, don Juan Carlos es el mejor embajador de nuestro país en el ámbito internacional.

Adaptado de Amaya García, http://aula.el-mundo.es/aula/noticia.php/2000/11/22

3.3.1. Del texto anterior, ¿puedes deducir cuáles fueron los hechos más relevantes de la reciente historia de España?

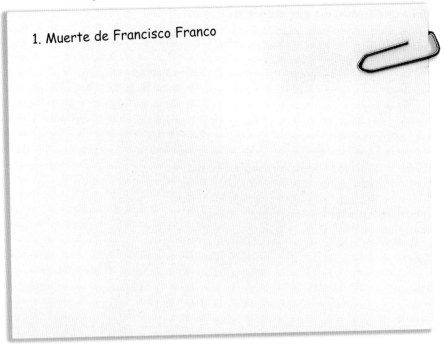

1. Muerte de Francisco Franco

3.3.2. También podéis hacer lo mismo con la historia reciente de vuestro país. Primero, anotad cuáles os parecen los hechos más relevantes para, luego, explicarlos al resto de la clase.

3.4. [28] Ahora, vas a oír a cinco personas que hablan sobre algunos de estos momentos de la historia reciente de España, contando algunas circunstancias personales; escúchalas y toma nota.

1. Habla de: ....
....
Circunstancias: ....
....
....
....
....

2. Habla de: ....
....
Circunstancias: ....
....
....
....
....

3. Habla de: ....
....
Circunstancias: ....
....
....
....
....

4. Habla de: ....
....
Circunstancias: ....
....
....
....
....

5. Habla de:....................................
....
Circunstancias: ....
....
....
....
....

3.5. Finalmente, vamos a hablar de lo que sucedía, mientras, en el resto del mundo. Primero, toma nota en los recuadros de la derecha de los datos que recuerdes y, luego, di lo que hacías en ese momento.

España...	En el mundo...	Yo...
1936-1939 Guerra Civil	1939 Comienzo de la Segunda Guerra Mundial	
1939-1975 Dictadura	1969 Llegada del hombre a la Luna	
1976-1981 Transición		Vivía en Bogotá
1982-1996 Etapa socialista	1989 Caída del muro de Berlín	
1996-... Gobierno Popular		

AUTOEVALUACIÓN

1. En esta unidad has trabajado el contraste de tres tiempos del indicativo, ¿cuáles?

2. ¿Qué te resulta más difícil entender?: ¿el contraste pretérito perfecto / pretérito indefinido o el de estos dos tiempos con el pretérito imperfecto?

3. ¿Existe en tu lengua el pretérito imperfecto? Si no, ¿qué recursos tenéis para expresar sus funciones?

4. Intenta escribir una breve redacción, en pasado, sobre lo que has aprendido acerca de la Historia de España en esta unidad.

Unidad 9

Contenidos funcionales

- Narrar en un periodo de tiempo terminado y no terminado
- Describir las circunstancias de los hechos del pasado
- Hablar de la primera vez que hiciste algo

Contenidos gramaticales

- Contraste pretérito indefinido/pretérito perfecto/pretérito imperfecto
- *Estar* (imperfecto) + gerundio

Contenidos léxicos

- Las noticias, la prensa
- Los cuentos

Contenidos culturales

- Literatura: Rafael Sánchez Ferlosio, José Agustín Goytisolo

1.1. 👥📖 **Lee esta noticia.**

Boda de la muñeca Barbie

El sábado pasado se celebró, en los salones del Hotel Astoria, la boda de la popular muñeca Barbie con un hombre de mediana edad que responde a las iniciales T.W. y que declaró que estaba enamorado de la muñeca porque en ella vivía el espíritu de una antigua novia suya que se suicidó por amor a él algunos años antes. Al parecer, la difunta, a través de un médium, expresó su satisfacción por este enlace que ella no pudo realizar y dio su consentimiento.

A la ceremonia asistieron decenas de personas; todas eran familiares o amigos del novio. Las mujeres llevaban espectaculares sombreros y los hombres vestían chaqué. La novia lucía un vestido de un importante diseñador francés y llegó al hotel en una carroza tirada por cuatro caniches, mientras el novio la esperaba, impaciente, en el salón principal. La fiesta concluyó con un baile que se prolongó hasta la madrugada.

Adaptado de Europa Press

1.1.1. 👥📖 **Recuerda que cuando narramos en pasado (historias, experiencias, anécdotas...) usamos el pretérito indefinido para contar los acontecimientos, y el pretérito imperfecto para referirnos a las circunstancias en las que se produce ese acontecimiento.**

- Marca temporal ————————————————➤ *El sábado pasado*

- Información de acontecimientos ——————————➤ *Se celebró*

- Circunstancias que rodearon los acontecimientos ———➤ *Estaba enamorado*

1.1.2. 👥✏️ **Ahora, vuelve a leer la noticia y separa los acontecimientos de su contexto poniendo los verbos donde corresponda.**

Acontecimientos o narración	*Contexto o descripción*
Se celebró	Estaba enamorado

1.2. 👤✏️ **Fíjate también en las siguientes informaciones y en las circunstancias que las rodean, y conjuga los verbos.**

Oye, ¿sabes que Carmen se fue hace unos días a Japón?

(Querer) .... aprender japonés.
(Necesitar) .... cambiar de aires porque *(estar)* .... cansada de Salamanca y allí, además, *(tener)* .... muchas posibilidades de empleo. *(Estar)* .... muy ilusionada.

¿Sabes? Luis dejó los estudios.

Es que no le *(gustar)* .... estudiar.
(Suspender) .... siempre los exámenes.
(Preferir) .... trabajar, pero sus padres no le *(dejar)* ....

¿Marta? Pues se divorció hace un año.

Su marido *(ser)* .... muy aburrido y nunca *(querer)* .... salir, y además *(estar)* .... siempre en su oficina y apenas se *(ver)* ....

¿Por qué ya no sales con Pepe?

Pues porque *(nosotros, ser)* .... demasiado diferentes y nunca nos *(entender)* .... A él le *(gustar)* .... estar siempre en casa, yo *(preferir)* .... salir, él *(odiar)* .... viajar y yo *(tener)* .... que irme de vacaciones sola. Total, que *(ser)* .... incompatibles.

¿Por qué vendiste aquel coche?

Porque no me *(hacer)* .... falta, *(vivir)* .... muy cerca de mi trabajo y *(poder)* .... ir andando; además, la gasolina y el seguro *(costar)* .... mucho y yo entonces *(ganar)* .... muy poco.

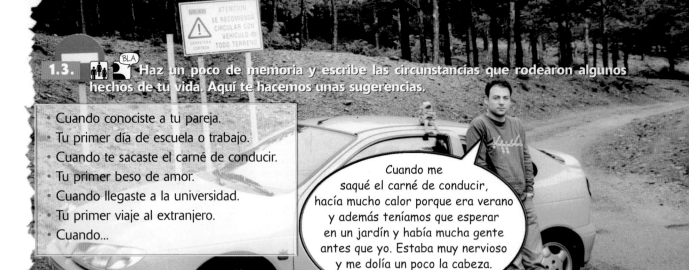

1.3. 👪 💬 **Haz un poco de memoria y escribe las circunstancias que rodearon algunos hechos de tu vida. Aquí te hacemos unas sugerencias.**

- Cuando conociste a tu pareja.
- Tu primer día de escuela o trabajo.
- Cuando te sacaste el carné de conducir.
- Tu primer beso de amor.
- Cuando llegaste a la universidad.
- Tu primer viaje al extranjero.
- Cuando...

Cuando me saqué el carné de conducir, hacía mucho calor porque era verano y además teníamos que esperar en un jardín y había mucha gente antes que yo. Estaba muy nervioso y me dolía un poco la cabeza.

1.4. 👤 ✏️ **Ahora, transforma las informaciones que cuenta, en presente, este personaje de acuerdo con los marcadores temporales que tienes al lado.**

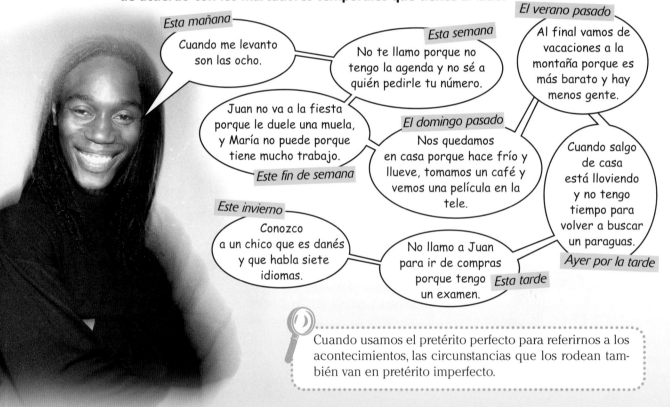

Esta mañana
Cuando me levanto son las ocho.

Esta semana
No te llamo porque no tengo la agenda y no sé a quién pedirle tu número.

El verano pasado
Al final vamos de vacaciones a la montaña porque es más barato y hay menos gente.

Juan no va a la fiesta porque le duele una muela, y María no puede porque tiene mucho trabajo.
Este fin de semana

El domingo pasado
Nos quedamos en casa porque hace frío y llueve, tomamos un café y vemos una película en la tele.

Cuando salgo de casa está lloviendo y no tengo tiempo para volver a buscar un paraguas.
Ayer por la tarde

Este invierno
Conozco a un chico que es danés y que habla siete idiomas.

No llamo a Juan para ir de compras porque tengo *Esta tarde* un examen.

Cuando usamos el pretérito perfecto para referirnos a los acontecimientos, las circunstancias que los rodean también van en pretérito imperfecto.

1.5. 👤 ✏️ **Aquí tienes tres noticias más. Conjuga los verbos según la información que aportan, narración o descripción.**

Noticias breves

Valioso cuadro robado en una iglesia

Ayer, a las once de la mañana, **(1)** *(desaparecer)* .... de la iglesia donde **(2)** *(encontrarse)* .... expuesto un cuadro firmado por un discípulo de Caravaggio. Según el párroco, cuando se **(3)** *(producir)* .... el robo, en la iglesia **(4)** *(haber)* .... decenas de personas porque se **(5)** *(estar)* .... celebrando la misa, así que la policía no se explica por qué nadie **(6)** *(poder)* .... ver nada si el cuadro **(7)** *(estar)* .... en una capilla próxima al altar mayor.

Psicólogos para animales

El pasado día 23 **(1)** *(licenciarse)* .... la primera promoción de psicólogos para animales. Los recién laureados **(2)** *(estudiar)* .... durante cuatro años el comportamiento de distintas especies. En los laboratorios de la facultad **(3)** *(haber)* .... tarántulas que **(4)** *(estar)* .... deprimidas, gallinas que **(5)** *(sufrir)* .... insomnio e incluso una serpiente que **(6)** *(mostrar)* .... síntomas de paranoia. No obstante, los estudiantes nos **(7)** *(informar)* .... de que **(8)** *(estar)* .... más preparados para tratar a perros y gatos, que **(9)** *(parecerse)* .... más a las personas.

Las rebajas

Ayer **(1)** *(empezar)* .... las rebajas. Centenares de personas **(2)** *(esperar)* .... durante horas ante las puertas de los grandes almacenes la hora de apertura, las diez; muchas, incluso, **(3)** *(pasar)* .... la noche allí porque **(4)** *(querer)* .... ser las primeras.

Lo peor, según **(5)** *(comentar)* .... algunos clientes, **(6)** *(ser)* .... que **(7)** *(hacer)* .... mucho frío y que después, en las tiendas, no se **(8)** *(poder)* .... ni andar porque **(9)** *(haber)* .... demasiada gente. Además, los productos interesantes **(10)** *(desaparecer)* .... enseguida y luego solo **(11)** *(quedar)* .... lo que nadie **(12)** *(querer)* ....

1.6. 👤 🎧 **Escucha los titulares de estas tres noticias y escríbelos en los recuadros.**
[29]

Circunstancias	Hechos
1. Titular:	
2. Titular:	
3. Titular:	

1.6.1. 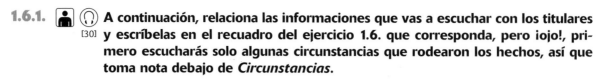 A continuación, relaciona las informaciones que vas a escuchar con los titulares [30] y escríbelas en el recuadro del ejercicio 1.6. que corresponda, pero ¡ojo!, primero escucharás solo algunas circunstancias que rodearon los hechos, así que toma nota debajo de *Circunstancias*.

1.6.2. 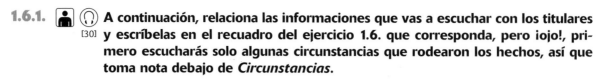 Finalmente vas a oír la narración de los hechos; haz lo mismo que antes, pero [31] esta vez toma nota debajo de *Hechos*.

1.6.3. Ya tienes toda la información, ¿por qué no la ordenas junto a tu compañero y se la contáis al resto de la clase?

1.7. Y, por último, ¿por qué no escribís vosotros las noticias? Aquí tenéis algunos titulares, pero podéis imaginar otros.

La ONU prohíbe el estudio de la gramática

El pasado día 14...

Todo el país estuvo 24 horas sin televisión

Ayer...

Nadie vio la final del Mundial

Anoche...

Ken se deprimió tras la boda de Barbie

El domingo pasado...

1.8. 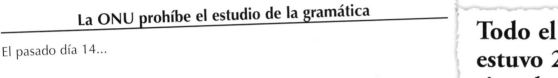 Ahora vas a oír otras informaciones, pero, ¡atención!, en estas hay muchos datos [32] erróneos, corrígelos.

2.1. Lee estos titulares de prensa y asegúrate de que los entiendes.

> a. Un equipo de científicos ingleses ha conseguido por primera vez la clonación de un animal.
>
> b. La orca del zoológico de Barcelona ha sido trasladada a un recinto más amplio. Según sus cuidadores, el animal estaba muy estresado.
>
> c. El portavoz de una secta ha hecho público el nacimiento del primer ser humano clonado.
>
> d. En Inglaterra se combaten el estrés y la depresión con sesiones de luz solar.
>
> e. Se presenta en el Salón Internacional del Automóvil el primer vehículo de fabricación española que funciona con energía solar.
>
> f. El alcalde propone prohibir el tráfico de coches por el centro de la ciudad durante el fin de semana.

2.1.1. [33] Ahora vas a escuchar un programa de radio en el que algunos niños comentan estas noticias. Relaciona los comentarios con los titulares anteriores.

Niño 1:............ titular ☐ **Niño 3:**............ titular ☐ **Niño 5:**............ titular ☐

Niño 2:............ titular ☐ **Niño 4:**............ titular ☐ **Niño 6:**............ titular ☐

2.1.2. ¿Qué palabras o expresiones han usado los niños para referirse a...?

1. La clonación ☐   4. Estrés ☐

2. Orca ☐   5. El alcalde ☐

3. Energía solar ☐

2.2. Ya sabes que los niños, con su fantasía y su particular modo de ver las cosas, hacen que todo cambie de forma y nada sea lo que parece, que incluso las tragedias puedan resultar algo fabuloso. Esto es, precisamente, lo que cuenta Rafael Sánchez Ferlosio en la novela *Alfanhuí*. En el fragmento que vas a leer, *Alfanhuí* asiste al trabajo de los bomberos durante un incendio. Fíjate en cómo su imaginación interpreta los acontecimientos.

Nunca sacaban a nadie por la puerta, aunque pudieran, siempre lo hacían por las ventanas y por los balcones, porque lo importante para vencer era la espectacularidad. Hubo bomberos que, en su celo, subieron a las víctimas del incendio desde el primer piso hasta el quinto para salvarlas desde allí.

En cada piso había siempre una joven. Todos los demás vecinos salían de la casa antes de llegar los bomberos. Pero las jóvenes tenían que quedarse para ser salvadas. Era la ofrenda sagrada que hacía el pueblo a sus héroes, porque no hay héroe sin dama. Cuando llegaba la hora

CONTINÚA ••••••

del fuego, toda joven conocía su deber. Mientras los demás huían aprisa, ellas se levantaban lentas y trágicas, dando tiempo a las llamas, se quitaban de la cara el maquillaje, se soltaban el pelo, se desnudaban y se ponían el blanco camisón. Salían por fin, solemnes y magníficas, a gritar y a agitar los brazos en los balcones.

Así lo vio Alfanhuí aquel día, así sucedía siempre que había fuego. Sucedía siempre lo mismo porque era un tiempo de orden y de respeto y de buenas costumbres.

Alfanhuí, Rafael Sánchez Ferlosio

2.2.1. Subrayad primero y, luego, comentad con vuestros compañeros todos los elementos que os parezcan fruto de la imaginación del protagonista.

2.2.2. Seguro que conocéis otras historias, libros o películas en los que se presenta la visión del mundo a través de los ojos de un niño. ¿Por qué no hacéis una lista y comentáis qué tenía de peculiar cada una de ellas? Aquí tenéis algunos ejemplos.

PELÍCULAS	LIBROS
Cinema Paradiso	Pippi Långstrump
Papá está en viaje de negocios	Pinocho
Peter Pan	Alicia en el País de las Maravillas

2.2.3. Junto a tu compañero, elige una de las situaciones que tienes abajo y trata de imaginar cómo la vería Alfanhuí. No olvidéis usar los pasados y diferenciar la narración de la descripción.

- Una boda
- Un primer día de rebajas
- Un concurso de belleza
- Una inundación
- Una cabalgata de reyes
- Una visita al zoológico
- Un vuelo en helicóptero

- Una operación
- Una corrida de toros
- Un ballet clásico
- Una manifestación política
- Un entierro
- El rodaje de una película

3.1. **¿Conoces a estos personajes? ¿Cómo se llaman en tu lengua? ¿Conoces sus historias? ¿Cuál es tu cuento favorito?**

3.2. **Relaciona cada personaje con los adjetivos que lo caracterizan.**

1. Malo/mala
2. Tuerto/tuerta
3. Feo/fea
4. Peludo/peluda

5. Saqueador/saqueadora
6. Guapo/guapa
7. Feroz
8. Viejo/vieja

9. Hambriento/hambrienta
10. Hechicero/hechicera
11. Valiente
12. Bueno/buena

Lobo:
1 2 3 4 5 6 7 8 9 10 11 12

Bruja:
1 2 3 4 5 6 7 8 9 10 11 12

Príncipe:
1 2 3 4 5 6 7 8 9 10 11 12

Pirata:
1 2 3 4 5 6 7 8 9 10 11 12

3.2.1. **A continuación, lee este poema de José Agustín Goytisolo y compara los adjetivos que describen a los personajes con los que tú has seleccionado.**

Érase una vez
un lobito bueno
al que maltrataban
todos los corderos.
Y había también
un príncipe malo,
una bruja hermosa
y un pirata honrado.
Todas estas cosas
había una vez.
Cuando yo soñaba
un mundo al revés.

José Agustín Goytisolo

José Agustín Goytisolo nació en Barcelona en 1928 y murió en 1999. Poeta y narrador. En 1956 ganó el premio Boscán con *Salmos al viento*, uno de sus libros más significativos. En *Elegías a Julia Gay* (1993), reunió todos los poemas de tema materno. En 1984, da a conocer sus cuentos: *La bruja hermosa, El pirata honrado* y *El lobito bueno.*

3.2.2. 🧑 🎧 **Vas a escuchar la narración del cuento *El lobito bueno*. Pon atención y ordena**
[34] **las viñetas.**

3.2.3. 👥 🗨️ **Haced un resumen de los acontecimientos principales del texto. No olvidéis explicar las circunstancias que los rodean. ¿Cuál es la moraleja?**

3.3. 🧑 📖 **Lee la siguiente explicación.**

También podemos expresar las circunstancias que rodearon unos hechos usando la forma del pretérito imperfecto de ***ESTAR* + GERUNDIO** cuando estamos hablando de acciones que se realizaban en ese preciso instante, fueron interrumpidas por otra acción y no estaban terminadas. Fíjate:

Ejemplos: *Cuando llegamos a casa, el lobito bueno nos **estaba esperando**.*
***Estaba lloviendo** cuando he salido de casa.*
*Mientras estudiabais, yo **estaba limpiando**.*

3.3.1. 👫 ✏️ **Ahora, con las palabras que te damos, y utilizando *estar* + gerundio, escribe frases.**

a. Caperucita Roja – recoger flores – lobo – llegar

b. Blancanieves – cocinar – enanitos – trabajar

c. Bella Durmiente – dormir – príncipe – darle un beso

d. Cenicienta – limpiar – paje – entregar el zapato de cristal

e. Ovejas – comer – lobo – acercarse

3.4. 👤 ✏️ **Finalmente, ¿por qué no escribes tú un cuento "al revés" siguiendo este esquema?**

EL BOSQUE MARAVILLOSO

1. Érase una vez...
   - Descripción del protagonista
   - Descripción del bosque
   - Descripción del entorno social (amigos, familia, amor...)

2. Pero un día ...
   - Aparece un grave problema en el bosque
   - El protagonista sale del bosque para buscar una solución

3. De repente ...
   - El protagonista se tiene que enfrentar a un ser malvado
   - Alguien con poderes mágicos lo ayuda y vence

4. Por fin...
   - El protagonista vuelve al bosque con el remedio
   - Todos lo celebran
   - Cambia la situación o estado del protagonista

Colorín, colorado, este cuento se ha acabado.

Haz memoria 4

4.1. 👨‍👦 🗨️BLA **En esta actividad vamos a hablar de vosotros, así que fijaos en las circunstancias que hay abajo, haced memoria y contad a vuestros compañeros algún momento de vuestra vida en que se dieron.**

Ejemplo: *Cuando me caí, todo el mundo me miraba, ¡qué vergüenza!*

Todo el mundo me miraba

Quería irme de allí inmediatamente

Tenía miedo

Estaba muy nervioso/a

No podía creerlo

Me sentía muy ridículo/a

Me dolía todo el cuerpo

Estaba un poco mareado/a

Quería llamar a la policía

Necesitaba dinero y no tenía

No podía hablar

Mi padre estaba muy enfadado

Mi pareja no paraba de llorar

4.2. 👨‍👦 🗨️BLA **Vamos a seguir recordando. Piensa en cosas que creías cuando eras niño y que luego descubriste que eran falsas, cuéntaselas a tu compañero y explícale cómo supiste la verdad. ¿Coincidís?**

Cuando tenía cinco años, creía que los niños venían de París.

¡Qué tonto! Yo a esa edad ya sabía que salían de una calabaza, me lo contó mi hermano.

Algunas ideas:

- Quién es Papá Noel...
- Qué es la lluvia...
- De dónde sale el dinero...
- Qué les ocurre a los niños malos...

4.3. **Para todo en la vida hay una primera vez, por ejemplo para...**

> La primera vez que comí zanahoria fue el año pasado. Era domingo y estaba con mis amigos en el campo; uno de ellos encontró una zanahoria y me invitó a probarla. Ese día no me gustó nada, pero, ahora, soy un adicto.

- Viajar al extranjero
- Tener un reloj
- Viajar en avión
- Ver el mar
- Tener un animal
- Ir a una discoteca
- Suspender un examen
- Hacer un regalo
- Enamorarse
- Dar un beso

- Conducir
- Aprender un idioma
- Escribir una poesía
- Votar en las elecciones
- Llevar corbata o tacones
- Ganar dinero
- Emborracharse
- Tener un coche
- Recibir una carta de amor
- ...

Añade tú otras acciones a esta lista y cuenta a tus compañeros cómo fue la primera vez que hiciste todas estas cosas; no olvides describir cuáles eran las circunstancias.

> Pero recuerda que, si no has realizado todavía alguna de estas acciones, debes usar el pretérito perfecto y también si las has realizado en tiempo aún presente:
> *Yo **todavía no** he viajado al extranjero.*
> *He escrito mi primera poesía **esta semana**.*

4.4. [35] **Unos estudiantes extranjeros cuentan la primera vez que hicieron algo. Tienen algunos problemas con el uso de los pasados, así que escucha lo que dicen, encuentra los cinco errores que cometen y corrígelos.**

Dicen	*Deberían decir*
1.	
2.	
3.	
4.	
5.	

AUTOEVALUACIÓN · AUTOEVALUACIÓN · AUTOEVALUACIÓN

1. **¿Recuerdas el titular de alguna de las noticias que has leído en esta unidad? Escríbelo.**

2. **De los tiempos del pasado, ¿cuál sirve para la descripción y cuáles para la narración?**

3. **Si en lugar de *"Barbie bailaba con su novio"* podemos decir *"Barbie estaba bailando con su novio"*, ¿podemos decir también *"Barbie estaba siendo rubia"* en lugar de *"era rubia"*? Razona tu respuesta.**

4. **En esta unidad has trabajado con prensa, con historias de niños y con tus propios recuerdos. ¿Qué crees que te ha ayudado más?**

AUTOEVALUACIÓN · AUTOEVALUACIÓN · AUTOEVALUACIÓN

Unidad 10

Contenidos funcionales
- Hacer conjeturas
- Hablar de algo sin precisar
- Hacer promesas
- Justificarnos
- Hablar de acciones futuras que dependen de una condición
- Hacer predicciones

Contenidos gramaticales
- Futuro imperfecto: morfología y usos
- Expresiones de tiempo futuro
- *Es que*
- *Si* + presente de indicativo + futuro imperfecto

Contenidos léxicos
- La publicidad
- Léxico relacionado con la ciudad y un nuevo medio de transporte

Contenidos culturales
- La baraja española
- Literatura: Isabel Allende
- Chile

1 Promesas, **promesas**

1.1. 👤 📖 **Lee la publicidad y subraya los verbos.**

**Regálame la
Silver Wing
y te prometo que
estudiaré mucho.**

HONDA
Una promesa es una promesa

**Regálame la
Pantheon
y te prometo que
siempre llevaré casco.**

HONDA
Una promesa es una promesa

**Regálame la
CB1300
y te prometo que no
llegaré tarde nunca más.**

HONDA
Una promesa es una promesa

1.1.1. 👥 💬 **Las promesas tienen relación con el tiempo:**

☐ pasado ☐ presente ☐ futuro

El futuro imperfecto

• Se forma con el infinitivo del verbo y estas terminaciones:

Estudiar Aprender + Vivir	é	.... estudiar**é**
	ás	.... aprender**ás**
	á	.... vivir**á**
	emos	.... llevar**emos**
	éis	.... comer**éis**
	án	.... partir**án**

🔍 **¡Solo hay doce verbos irregulares en futuro imperfecto!**

1. Cae la vocal **-e-**:
haber, poder, saber, caber, querer
habrá, ...

....

2. Cae la vocal y aparece una **d**:
poner, tener, valer, venir, salir

....

....

3. Otros:
decir, hacer

....

....

....

1.1.2. 👤 ✏️ **Encuentra la primera o tercera persona de los doce verbos irregulares del futuro imperfecto y completa el cuadro.**

P	Á	H	A	R	É	E	F	O	R	L	S
O	H	S	W	P	T	F	Á	K	U	A	A
D	S	X	A	J	U	R	P	W	L	L	B
R	T	V	E	N	D	R	É	D	P	F	R
É	S	I	Y	L	E	Y	R	Z	G	Ñ	É
W	Í	K	A	T	S	É	Q	N	W	O	J
T	Ñ	V	C	I	T	Ñ	Y	A	C	J	K
E	P	W	L	Ñ	P	Á	R	B	A	H	R
N	J	P	O	N	D	R	É	R	B	I	L
D	O	Y	I	R	E	D	T	U	R	P	Ñ
R	G	N	L	Q	U	E	R	R	Á	T	Ó
É	R	I	D	S	D	Y	U	O	L	M	C

Para prometer algo

- *Te prometo* + infinitivo

  Te prometo ir, de verdad.

- *Te prometo que* + futuro

  Te prometo que iré.

- *Te lo prometo*

  Iré, te lo prometo.

¡Prometido!
Te doy mi palabra.
Lo haré sin falta.

1.2. **Tu compañero y tú tenéis problemas con vuestras obligaciones. Regáñale por no haber hecho ciertas cosas y cuando él te regañe a ti, busca excusas y promete hacerlas en el futuro.**

Ejemplo:

Alumno A: **Preparar las maletas:** *¿Todavía no has preparado las maletas?*

Alumno B: **No has preparado las maletas porque estás estudiando:** *No, pero **te prometo que** las **prepararé esta noche**. **Es que** estoy estudiando.*

alumno a

1. Llamar a su madre.
2. Hacer los ejercicios.
3. Comprarte el periódico.
4. Arreglar su habitación.

alumno b

1. Traerte tus libros.
2. Ir a la embajada.
3. Contestar el e-mail de Raúl.
4. Apuntarse a la excursión del jueves.

En un **futuro**... 2

2.1. **Forma frases con un elemento de cada columna.**

La semana que viene	vienen	mis padres a verme
Dentro de dos meses	pienso coger	dos meses de vacaciones
A las cinco	voy a visitar	informática
Este año	vamos a sacar	Granada, dicen que es preciosa
El próximo año	quiero estudiar	al perro, ¿vienes con nosotros?

2.1.1. **Ahora, teniendo en cuenta las frases que has formado, completa este cuadro sobre otras expresiones verbales que expresan tiempo futuro. Después, incluye las frases anteriores en el apartado correspondiente.**

Expresiones verbales que expresan futuro

- Presente de indicativo

  Ejemplo:

- Presente de indicativo de los verbos   y   +

  Ejemplos:

- Presente de indicativo del verbo   + a +

  Ejemplos: A las cinco vamos a sacar al perro.

1 [ ]   3 [ ]

2 [ ]   4 [ ]

2.3. 👤 📖 **Lee este texto que explica qué es la baraja española. Pero antes, intenta deducir si estas afirmaciones son correctas o no. Comprueba, luego, tus respuestas.**

Antes de leer			Después de leer	
V	F	**1.** La baraja española aparece en el siglo XIV y se compone de cuatro palos.	V	F
V	F	**2.** En total son 48 naipes.	V	F
V	F	**3.** El rey de la baraja española siempre está sentado.	V	F
V	F	**4.** Heraclio Fournier fue el inventor de la baraja española.	V	F
V	F	**5.** Casi todos los juegos de la baraja española se hacen en solitario.	V	F
V	F	**6.** Cada palo tiene un significado propio.	V	F

LA BARAJA ESPAÑOLA

La baraja española aparece durante el siglo XIV. Está compuesta de cuatro palos: oros, copas, espadas y bastos. Cada palo consta de doce cartas: as, dos, tres, cuatro, cinco, seis, siete, ocho, nueve, sota, caballo y rey. En total son 48 naipes. En esta baraja, lo más curioso es que no existe la "dama" o "reina", sino que se utiliza un paje que se llama "sota". El rey, además, nunca aparece sentado.

Los fabricantes de naipes o naiperos, fueron famosos, sobre todo, en Barcelona y Valencia. Hasta el siglo XV, la fabricación de naipes no se industrializa. En 1868, un impresor de origen francés afincado en España, Heraclio Fournier, presentó su baraja litografiada y fue premiado en la Exposición Universal de París. Pero el diseño definitivo de la baraja española que ha llegado hasta nuestros días es el que realizó Augusto Ríus para el propio Fournier.

En España los juegos con naipes son múltiples y variados. Podemos destacar tres: el tute, la brisca y el mus. Este último es el más popular y existen numerosas peñas (asociaciones) que organizan campeonatos en todas las Comunidades españolas. Parte de su popularidad es debida a que las apuestas no se hacen con dinero, sino que se juegan, por ejemplo, los cafés que han de ser pagados por los perdedores. Otros juegos muy populares son las siete y media y el cinquillo, muy habituales en las reuniones familiares.

Cada palo, además, tiene un significado. Las espadas indican conflictos, las copas representan las emociones, el amor, la belleza, el placer y la felicidad, los oros representan el mundo material, las riquezas, los negocios y las finanzas, y los bastos son símbolo del amor y la espiritualidad.

Adaptado de http://redgeomatica.rediris.es/elenza/pdf.nz/labaraja.pdf

2.4. ⬇️ 🅒 **El profesor te dará una ficha con información incompleta de los significados de algunas cartas de la baraja española. Haz una lista de las palabras que no entiendas y búscalas en el diccionario. Luego, completa, con ayuda de tu compañero, la información que te falta. Si tu compañero no entiende alguna palabra, explícasela.**

PALABRAS QUE NO ENTIENDO	DEFINICIÓN
Humildad	Forma de ser de una persona que no se cree mejor que los demás.

2.4.1. 👥 ⬇️ **¿Cómo será el futuro de tu compañero? Utilizando el significado de las cartas, jugad a averiguar el futuro. Podéis hacer un máximo de tres preguntas. El profesor os dará la baraja y las instrucciones.**

Ejemplo: ▷ *Me gustaría saber cómo me van a ir mis estudios de español.*

▶ *Pues, según las cartas, parece que tendrás...*

2.5. 👤 ✏️ **Imagina cómo será tu vida dentro de diez años, escríbelo en una hoja y dásela a tu profesor. Luego, el profesor repartirá las redacciones entre los compañeros de la clase.**

2.5.1. 👥 🗨️ **Ahora, lee el texto que te ha tocado e intenta adivinar de qué compañero se trata. Recuerda las formas para dar opinión o para mostrar que no estás seguro.**

Creo que...
porque...

Me parece que...
porque...

3 ¿**Qué** será, **será**?

3.1. 👥 💬 **Para mostrar que no estamos seguros de algo, usamos el futuro. Lee la publicidad del ejercicio 1.1. y haz con tu compañero conjeturas sobre cómo serán las personas que corresponden a las motos. Haced los retratos robot y después comparadlos con los de otros dos compañeros. ¿Hay diferencias?**

3.2. 👥 💬 **Vamos a hablar de un invento relativamente nuevo y probablemente revolucionario, es el *segway*, ¿has oído hablar de él?**

3.2.1. 👥 📖 **Busca en el texto y pon nombre a las siguientes imágenes.**

1.

2.

3.

4.

5.

6.

7.

Transporte inteligente para la ciudad

Imaginemos por un momento una ciudad sin ruidos, donde los atascos continuos y el humo de los tubos de escape no serán más que un recuerdo del pasado. En la puerta de los edificios de oficinas se alineará una serie de patinetes unipersonales enchufados a un depósito de electricidad. En la calle, miles de patinetes de las mismas características se mezclarán con pequeños
5   vehículos, igualmente silenciosos, parados en los semáforos. En las gasolineras, los combustibles tradicionales habrán dejado paso a surtidores de electricidad e hidrógeno, y los autobuses –de color verde– llevarán un letrero en la parte posterior que rezará "vehículo limpio". Además, no habrá coches en doble fila, ya que hasta la tienda más pequeña tendrá su propio aparcamiento subterráneo, cuya capacidad –debido al tamaño de los nuevos vehículos– se habrá multiplicado.
10   No, esto no es una escena de *Regreso al Futuro 2;* en realidad se trata de cualquier gran ciudad, en cualquier lugar del mundo y, según algunos convencidos, en un futuro no muy lejano.

Esta nueva visión de las ciudades parece haberse afianzado desde el pasado mes de diciembre, cuando un excéntrico inventor estadounidense –Dave Kamen– presentó en las calles de Nueva York un vehículo (el *segway*) que, según sus propias palabras, iba a "revolu-
15   cionar" el concepto de movilidad urbana.

"Peatones del futuro" *Quo*, n.º 77

3.2.2.  Con tu compañero, dibuja el *segway*, su apariencia y describe su funcionamiento. Después, explicádselo al resto de la clase; no olvidéis que son todo conjeturas. ¿Qué diseño es el más interesante?

3.3. Marta tiene un jefe misterioso. Nunca [37] lo ha visto y siente mucha curiosidad. A partir de los datos que le da a su amiga Rosa, esta reconstruye un posible retrato del personaje. Primero, escucha a Marta y anota la información.

3.3.1. Con la información que tenéis, haced conjeturas sobre la personalidad del jefe misterioso y describidlo.

3.3.2. Ahora, escucha a Rosa y anota [38] sus impresiones. Después, compara las impresiones de Rosa con las vuestras. ¿Coinciden?

3.3.3. Vuelve a escuchar la descripción que hace [38] Rosa y anota todas las expresiones de probabilidad que acompañan a los futuros. Hay siete.

1. ....
2. ....
3. ....
4. ....
5. ....
6. ....
7. ....

3.4. Haz una pequeña encuesta a tus compañeros sobre sus posibles planes para algunas fechas importantes. Anota los más interesantes y cuéntaselos al resto de la clase.

Recuerda:
Si no estás seguro, usa el futuro imperfecto acompañado de *supongo que, me imagino que...*

¿Qué vas a hacer...?

el día de tu cumpleaños • cuando termines tu curso de español • en Navidad •
en Nochevieja • el próximo verano • en Carnaval • este fin de semana

3.4.1. 👥 ✏️ **Para entender mejor los usos del futuro, coloca los ejemplos en su lugar.**

1. Pasaré 5 días, aproximadamente, en Vigo.
2. El próximo año nuestra empresa crecerá un 6%.
3. Si vienes mañana a casa, te enseño las fotos de las vacaciones.
4. No sé si querrá comer carne.
5. Me imagino que tendrá 20 ó 22 años.
6. Te prometo que estudiaré mucho.
7. En febrero conocerás al gran amor de tu vida.
8. Supongo que tendrás hambre, ¿no?
9. Creo que llegaré a las tres, pero no lo sé seguro.
10. Necesitaré un kilo de azúcar más o menos.
11. Iré a tu casa un día de estos, no te preocupes.
12. Te juro que no volveré a llegar tarde.
13. No sé dónde estarán las llaves.
14. Si vienes mañana a casa, te enseñaré las fotos de las vacaciones.
15. Mañana lloverá en toda España.
16. No sabemos cuándo llegará tu hermano.
17. Ese bolso valdrá 50 euros o así.
18. Te aseguro que no se lo diré.

Usos del futuro imperfecto

1. Para hacer conjeturas. Hablar de cosas del presente o futuro, pero de las que no estamos seguros. Hablar sin ser exactos, sin seguridad:

- **Creo que**
- **Me imagino que** } + futuro imperfecto
- **Supongo que**

- **No sé** { **si** / **cuándo** / **dónde** } + futuro imperfecto

a)	9
b)	5
c)	8
d)	4
e)	
f)	13

2. Para hablar de algo sin precisar, utilizamos las siguientes expresiones:

- **aproximadamente**
- **...o así**
- **más o menos**
- **un día de estos**

g)	1
h)	17
i)	10
j)	11

3. Para hacer promesas:

- **Te prometo que**
- **Te juro que** } + futuro imperfecto
- **Te aseguro que**

k)	6
l)	12
m)	18

4. Para hacer predicciones (en climatología, planes, horóscopos...):

n)	7
ñ)	15
o)	2

5. Para hablar de acciones futuras que dependen de una condición:

- **Si** + presente de indicativo + presente o futuro imperfecto:

p)	3
q)	14

4.1. 🧍 📖 **Lee el texto de esta publicidad. Di si estas afirmaciones son verdaderas o falsas y justifica tu respuesta.**

SI TE GUSTA LA BUENA MESA,
ENCONTRARÁS MÁS DE CUATROCIENTOS RESTAURANTES

Si te vuelve loco ir de compras, en Andorra encontrarás más de 4000 comercios. Si te gusta hacer deporte, encontrarás las mejores instalaciones del Pirineo. Si quieres olvidarte de todo y relajarte, encontrarás Caldea, con más de veinte *jacuzzis*, saunas y zonas de relajación. Si te apasiona el románico, encontrarás uno de los mejores del mundo. Si quieres disfrutar de todo esto y mucho más, encontrarás más de 150 hoteles de todas las categorías donde poder alojarte.

Y si, además, eres de los que aman la naturaleza, encontrarás refugios, caminos y rutas para practicar tu deporte favorito.

DISFRUTA. TU PAÍS ES ANDORRA

	Verdadero	Falso
1. Andorra es un buen lugar para hacer compras.	✓	
2. Si te gusta el deporte, Andorra no es tu destino.		✓
3. Andorra es un país estresante.		✓
4. En Andorra solo hay hoteles de cinco estrellas.		✓
5. En este país puedes hacer compras, deporte, visitar iglesias y estar en contacto con la naturaleza.	✓	

4.2. 🧍 ✏️ **Ahora, escribe una publicidad parecida pero con tu país, tu región o tu ciudad. Respeta lo que está ya escrito.**

SI TE GUSTA ....
ENCONTRARÁS ....

Si .... , encontrarás ....

Si buscas ...., ...

Si te vuelve loco ...., ...

y conocerás ....

¡Ven a ....!

¡Será ....!

4.3. [icons] En este bolero, el enamorado le habla a la enamorada del futuro de los dos. Este futuro depende de una condición: *si les dejan*. Pero antes de escucharlo, completa los espacios intentando imaginar qué planes tienen.

> ¡Recuerda!
>
> Para hablar de condiciones de las que dependen acciones futuras usamos:
>
> **si + presente de indicativo + verbo 2**
>
> El verbo 2 habla del futuro y puede estar en presente de indicativo, *ir* + *a* + infinitivo o futuro imperfecto.

Si nos dejan,
nos ....
toda la vida.
Si nos dejan,
nos ....
a un mundo nuevo.
Yo creo
que podemos ver el nuevo amanecer
de un nuevo día.
Yo siento
que tú y yo podemos ser felices
todavía.

Si nos dejan,
.... un rincón
cerca del cielo.

Si nos dejan, ...
de las nubes
terciopelo,
y allí, juntitos los dos,
cerquita de Dios,
será lo que soñamos.

Si nos dejan,
te .... de la mano, corazón,
y allí nos ....

Si nos dejan,
de todo lo demás
nos ....
Si nos dejan,
si nos dejan.

Tomás Alcón

4.3.1. [icons] **[39]** Ahora, escucha y comprueba tus respuestas. ¿Se parece la canción a la versión que habéis imaginado?

4.4. [icons] ¿Qué cosas haréis en clase si os dejan?

AUTOEVALUACIÓN

1. **¿Para qué sirve el futuro? Te damos los ejemplos, completa tú la explicación del uso con tus propias palabras.**

   1. Te prometo que iré a verte ....
   2. Si hace buen tiempo, saldremos ....
   3. Imagino que tendrá mucho trabajo..
   4. Mañana lloverá en el norte de la Península ....

2. **En la siguiente lista de verbos, señala los futuros irregulares y escribe al lado su infinitivo.**

   ☐ cabrá ....
   ☐ comeremos ....
   ☐ compraré ....
   ☐ conocerás ....
   ☐ diréis ....
   ☐ habrá ....
   ☐ harás ....

   ☐ irán ....
   ☐ podréis ....
   ☐ pondrá ....
   ☐ querremos ....
   ☐ sabréis ....
   ☐ saldrá ....
   ☐ saltará ....

   ☐ seréis ....
   ☐ sugeriremos ....
   ☐ tendré ....
   ☐ valdrá ....
   ☐ venderán ....
   ☐ vendrán ....
   ☐ viviré ....

Contenidos funcionales

- Contar anécdotas en un periodo de tiempo terminado y no terminado
- Descripción de personas, animales y objetos en pasado
- Describir las circunstancias de los hechos del pasado
- Hacer conjeturas
- Hablar de algo sin precisar

Contenidos gramaticales

- Pretérito imperfecto
- Contraste pretérito perfecto/indefinido/imperfecto
- *Soler* (imperfecto) + infinitivo
- Expresiones y adverbios de frecuencia
- *Estar* (imperfecto) + gerundio
- Futuro imperfecto

Contenidos léxicos

- Los cuentos
- Adjetivos de descripción física y de carácter

Contenidos culturales

- Frases hechas de los cuentos infantiles en España

I Certamen internacional de **cuentacuentos Prisma**

1 ¿Recuerdas el poema de José Agustín Goytisolo, "Érase una vez" (unidad 9, ejercicio 3.2.1.) Aquí lo tienes de nuevo. ¿Puedes completarlo?

Érase una vez

.... una vez

un .... bueno

al que maltrataban

todos los ....

(bis)

Y había también

un .... malo,

una .... hermosa

y un .... honrado.

(bis)

Todas estas cosas

....

Cuando yo soñaba

un mundo ....

(bis)

2 Escucha atentamente la canción y comprueba tus respuestas.
[40]

3 Contesta a las siguientes preguntas.

- ¿Cómo empiezan los cuentos en español? ¿Cómo terminan?
- ¿Qué personajes del mundo de los cuentos tradicionales aparecen en la canción?
- ¿Conoces otros?
- ¿Qué les pasa a los personajes de este cuento?
- ¿Qué tipo de cuento es? ¿Puedes definirlo?

4 Selecciona entre los siguientes elementos aquellos que marcan el final de un cuento. Comenta con tu compañero cómo terminan los cuentos en vuestros respectivos países.

a. Colorín, colorado, este cuento se ha acabado.

b. Fin.

c. Fueron felices y comieron perdices.

d. Y se terminó.

e. Y así termina la historia de Pepito, el Zanahoria.

5 Marca en el cuento los elementos que aparecen dentro del recuadro.

principio • palabras repetidas • final • diálogos • diminutivos • magia

En mi armario

Había una vez un niño llamado Martín que tenía miedo a dormirse, porque creía que dentro de su armario vivía una pesadilla que salía todas las noches cuando él estaba dormido.

Una noche, Martín decidió esperar, junto a sus armas de combate, hasta que saliera la pesadilla. Esperó y esperó, pero no sucedía nada. Justo en el momento en que empezaba a dormirse, se abrió lentamente la

CONTINÚA ··⁝·

puerta del armario. Entonces, Martín se levantó, encendió la luz y se encontró de frente con la pesadilla. Martín apuntó con su escopetilla de juguete y disparó, la pesadilla se asustó al ver al niño y empezó a llorar. Martín le dijo a la pesadilla: "¡Cállate, cállate, vas a despertar a mis papás!" Pero la pesadilla no paraba de llorar y de mirar asustada hacia el armario. Martín sintió lástima de la pesadilla y la invitó a dormir en su cama junto a él. Se metieron en la cama, pero Martín no paraba de vigilar a la pesadilla y la pesadilla no paraba de mirar al armario.

Al final se quedaron dormidos. En ese momento se abrió lentamente la puerta del armario y apareció... una pesadilla.

Colorín, colorado, este cuento se ha acabado.

6 **Vamos a empezar a crear el cuento, pero va a ser un cuento colectivo; todos vais a participar en todos los cuentos. El profesor os dará las instrucciones y material para empezar a escribir el cuento.**

7 **Cuando hayáis terminado el principio del cuento, pasádselo al grupo de vuestra derecha, que cogerá otras tres tarjetas de cada grupo y las incluirá en la historia ya comenzada. Así, sucesivamente, hasta que cada cuento pase por cada grupo.**

Cuando el cuento que habéis empezado a escribir llegue a vuestras manos, lo leeréis y escribiréis el final. Entonces, el proceso de creación habrá terminado y comenzará el certamen de cuentacuentos.

> **Recuerda:**
> · No olvidéis que deben aparecer los elementos que caracterizan los cuentos tradicionales: las fórmulas de principio y fin, los diminutivos, las palabras repetidas, los diálogos y la magia.
> · Todos los elementos obligatorios que se incluyen en la historia deben relacionarse entre sí.

8 **Cuenta a tus compañeros el cuento confeccionado, empezando por el título, sin olvidar que estáis en un certamen y que tenéis un jurado que va a evaluar vuestro trabajo y vuestras cualidades como cuentistas.**

AUTOEVALUACIÓN   AUTOEVALUACIÓN   AUTOEVALUACIÓN

1. **Contesta a las siguientes preguntas para elegir el ganador del "I CERTAMEN DE CUENTA-CUENTOS PRISMA".**

UN JURADO IMPARCIAL*

a. ¿Qué cuento ha sido el más imaginativo?

b. ¿Qué grupo ha sabido contar mejor su cuento?

c. ¿Qué cuento ha sido el más divertido?

d. ¿Cuál ha sido el cuento que más te ha gustado?

e. ¿En que cuento se han introducido los elementos obligatorios de una forma más suave, sin forzarlos?

* Debéis ser lo más objetivos posibles y nunca podéis votar a vuestro propio cuento.

2. **Tras la entrega de premios, haz conjeturas sobre lo que sucederá en el futuro a los personajes de los cuentos más votados, incluyendo entre ellos el ganador.**

Ejemplo: Supongo que Blancanieves abandonará al Príncipe porque la vida en palacio será demasiado fácil y se aburrirá mucho.

AUTOEVALUACIÓN   AUTOEVALUACIÓN   AUTOEVALUACIÓN

AUTOEVALUACIÓN

1. **Transmite las palabras de estas personas:**

1. **Marta:** ¿Quieres un poco de tarta?
   Marta pregunta ....

2. **Javier:** ¿Dónde están mis gafas?
   Javier pregunta ....

3. **Carmen:** Tengo un dolor de muelas terrible
   Carmen insiste en ....

4. **Consuelo:** Entonces quedamos en mi casa a las tres
   Consuelo dice ....

2. **Escribe el infinitivo de estos verbos:**

1. Supe ....
2. Quiso ....
3. Estuvimos..................
4. Vinisteis.....................
5. Huyeron ....

6. Pidió ....
7. Durmieron.................
8. Hubo ....
9. Pudiste ....
10. Anduve ....

11. Conoció....................
12. Se sintió ....
13. Se sentó ....
14. Saltaste ....
15. Fueron ....

3. **Marca la opción correcta:**

1. La casa .... grande y luminosa.

   ☐ **a.** era   ☐ **b.** fue

2. Ayer .... en el cine.

   ☐ **a.** estábamos   ☐ **b.** estuvimos

3. Antes .... más pelo.

   ☐ **a.** tenía   ☐ **b.** tuvo

4. Cuando .... pequeños, ... más.

   ☐ **a.** eran/viajaban   ☐ **b.** fueron/viajaron

5. Esta mañana .... un café con leche.

   ☐ **a.** he tomado   ☐ **b.** tomé

6. Recuerdo que todos los días .... a casa de los abuelos.

   ☐ **a.** ibais   ☐ **b.** fuisteis

7. Toda mi vida .... pesadillas.

   ☐ **a.** tenía   ☐ **b.** he tenido

8. El domingo pasado .... tres horas

   ☐ **a.** estábamos trabajando   ☐ **b.** estuvimos trabajando

4. **Transforma las frases usando: al cabo de x (tiempo)... x (tiempo) después.**

1. En el siglo XIX no había aviones. En el siglo XX viajábamos al espacio.

   En el siglo XIX no había aviones y un siglo después ya viajábamos al espacio.

2. En 1989 empecé la carrera. La acabé en 1993.

   ....

3. En mayo me fui de vacaciones. Volví en junio.

   ....

4. El lunes me puse enferma. El jueves fui a trabajar.

   ....

Unidad 11

Contenidos funcionales
- Hacer conjeturas en pasado
- Dar consejos y sugerencias
- Referirnos al futuro respecto al pasado
- Expresar cortesía

Contenidos gramaticales
- Condicional simple: morfología y usos

Contenidos léxicos
- El consultorio
- La farmacia

Contenidos culturales
- Literatura: Fernando del Paso, Don Juan Manuel

1
Yo que tú
lo estudiaría

1.1. 📱 📖 **Lee estos diálogos. En ellos aparece un tiempo nuevo, el condicional simple.**

1.1.1. 📱 📖 **En cada uno de los diálogos, el condicional cumple una función distinta. Son las que tienes aquí abajo; relaciónalas con los diálogos.**

1. Expresar cortesía .... ☐

2. Acción futura respecto a otra pasada .... ☐

3. Aproximación o probabilidad de pasado .... ☐

4. Dar consejos o hacer sugerencias .... ☐

5. Expresar un deseo como hipótesis de presente o futuro .... ☐

1.1.2. 🧍 ✏️ **Aquí tienes el infinitivo de los verbos que has visto en los diálogos y, a la derecha, las terminaciones del condicional que no han aparecido. Busca las otras en los diálogos y completa la tabla.**

Ir	Yo	
Ser	Tú	-ías
Poder	Él/ella/usted	
Gustar	Nosotros/as	-íamos
Estar	Vosotros/as	-íais
Divertir	Ellos/ellas/ustedes	

1.1.3. 🧍 ✏️ **¿Has visto? El condicional simple se forma con el infinitivo más la terminación, que es la misma para las tres conjugaciones.**

- Ahora, si te fijas bien, verás que entre los verbos anteriores hay uno irregular.
  ¿Cuál? Escríbelo aquí: _____

- Y si te fijas un poco mejor, descubrirás que esta misma irregularidad la has estudiado ya antes en otro tiempo verbal, ¿en cuál?:

  ☐ presente   ☐ pretérito indefinido   ☐ pretérito imperfecto   ☐ futuro imperfecto

- Así es, el condicional simple tiene los mismos verbos irregulares que este tiempo. Si haces un poco de memoria y escribes las raíces de sus doce irregulares, tendrás completa ya toda la morfología del condicional simple.

1. podr
2.
3.
4.
5.
6. har
7.
8.
9.
10.
11.
12.

+
-ía
-ías
-ía
-íamos
-íais
-ían

1.1.4. 👤 ✏️ **Completa estos diálogos.**

¿Te *(importar)* .... cerrar la puerta? Es que entra un frío...

¡Qué raro! Dijo que *(llegar)* .... a las seis y son ya las siete y cuarto.

Es verdad y prometió que *(ser)* .... muy puntual.

Está en el paro y la semana pasada se compró un descapotable y, ayer, ese abrigo.

Yo en tu lugar me *(tomar)* .... unas vacaciones y me *(ir)* .... a algún sitio para tratar de olvidarla.

Ya, pero es que me *(gustar)* .... tanto poder hablar con ella, explicarle lo que ha pasado...

No sé, le *(tocar)* .... la lotería de Navidad o te *(mentir)* .... cuando te dijo que estaba en el paro.

2.1.  **Lee de nuevo, en el dibujo del bar, la respuesta del camarero que habla con la clienta y, sin mirar el cuadro que tienes a continuación, escribe cuál de las cinco funciones del condicional que has visto al principio de la unidad crees que cumple aquí.**

- Con el condicional simple, podemos expresar en español la probabilidad cuando hablamos del pasado, siempre que tenga el valor de un pretérito indefinido o imperfecto. Fíjate en los ejemplos:

  ► *¿Cuándo **llamó** Alberto?*
  ▷ *No sé, **llamaría** ayer.*

  ► *¿Quién **era** la chica que iba con Antonio?*
  ▷ ***Sería** su hermana.*

  └─────── No lo sabemos, es una conjetura ───────┘

- También podemos expresar la aproximación en el pasado:

  ► *¿Cuánta gente **había** en la fiesta?*
  ▷ *Pues **habría** unas diez personas.*

  ► *¿Cuánto te **costó** el bolso?*
  ▷ *No me acuerdo, pero **serían** 30 euros, más o menos.*

2.1.1. **Mirando la escena del bar, responde a las preguntas que tienes abajo haciendo conjeturas. Debes tener en cuenta que todo sucedió ayer por la tarde.**

1. ¿Por qué el cliente que entró tenía ese aspecto tan lamentable?, ¿qué le pasaba?

2. ¿A quién esperaban las dos amigas y por qué se retrasaba esa persona?

3. ¿Por qué lloraba el chico y qué tenía que explicar a la chica de quien hablaba?

4. ¿Por qué la señora del abrigo tenía tanto dinero si estaba en el paro?

5. ¿Por qué los chicos que iban por la calle estaban vestidos de Drácula y bailarina?

2.1.2. **Presentad al resto de la clase vuestras hipótesis y comparadlas con las de vuestros compañeros para, luego, elegir entre todos las que os parezcan mejores o más imaginativas.**

2.2. **Responded, haciendo conjeturas, las preguntas del personaje que tenéis abajo.**

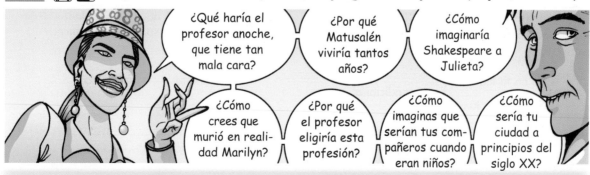

¿Qué haría el profesor anoche, que tiene tan mala cara?

¿Por qué Matusalén viviría tantos años?

¿Cómo imaginaría Shakespeare a Julieta?

¿Cómo crees que murió en realidad Marilyn?

¿Por qué el profesor elegiría esta profesión?

¿Cómo imaginas que serían tus compañeros cuando eran niños?

¿Cómo sería tu ciudad a principios del siglo XX?

¿Has visto? No solo usamos el condicional para hacer conjeturas en pasado, también cuando preguntamos sabiendo que nuestro interlocutor no puede conocer la respuesta exacta, cuando pedimos más que una información, una opinión. Fíjate en el ejercicio anterior y en estos ejemplos:

► *¿Cuánto ganaría Pepe en ese trabajo?*
▷ *Pues no sé, pero mucho...*

► *¿Cuánto le costaría a Juan su casa?*
▷ *Ni idea.*

3 ¿Qué **harías** tú?

3.1. 👤 📖 **¿Quieres saber lo que le ocurría realmente al chico que lloraba en el bar? Lee la carta que ha escrito a un consultorio sentimental de la radio.**

Querida Consuelo Desgracias:

Me he decidido a escribirle esta carta porque estoy desesperado y creo que debería aconsejarme. Hace dos años empecé una
relación con una mujer de quien me siento profundamente enamorado. En este momento, sigo casado con mi esposa y tenemos dos
hijos. El problema es que no sé qué hacer. Mi matrimonio no fun-
ciona y estoy muy enamorado de esta persona, pero no soy capaz
de abandonar a mi esposa e hijos, y mi mujer no sabe nada. ¿Qué
debería hacer? La mujer a la que realmente amo me ha dicho que
tendría que contarle la verdad a mi esposa y que de esta manera se solucionarían mejor las cosas. ¿Usted qué haría en mi lugar?
¿Estaría bien hablar con ella? ¿Debería dejar a mi amante? No sé
qué hacer, necesito su consejo.

Un saludo,

Aries

3.1.1. 👤 📖 **Antes de ver qué consejos le han dado a nuestro amigo Aries, vamos a echar un vistazo a este cuadro funcional.**

El condicional simple está presente en muchos de los recursos que tenemos en español para dar consejos o hacer sugerencias. Fíjate:

1. Nos ponemos en lugar de la otra persona, en su situación, para decir lo que nosotros haríamos.

- Yo que tú...
- Yo en tu lugar...
- Si yo fuera tú...
- Yo...

} + condicional

– *Deberías trabajar menos.*
– *Yo que tú no iría.*
– *Tendrías que hablar con él.*

2. Proponemos, como una hipótesis, lo que cree-mos que la otra persona debería hacer.

- Deberías
- Tendrías que
- Podrías

} + infinitivo

– *Yo en tu lugar esperaría un poco.*
– *Podrías llamarle y explicárselo.*
– *Yo le regalaría un reloj.*

3.1.2. 👪🗣️ **Leed los consejos que le han dado a Aries algunas personas de su entorno. Adivinad a quién de las personas que tenéis en el recuadro pertenece cada uno de ellos.**

A Yo en su lugar hablaría con claridad del tema, intentaría conservar un diálogo permanente y establecería un compromiso respecto a la educación de los niños.

B ¿Quién dices que es esa? Deberías salvar tu matrimonio y ser un buen padre y marido.

C Yo no dejaría pasar ni un día más y le contaría toda la verdad.

D Deberías ser honesto, hablar con tu mujer e intentar arreglar el problema de la manera más conveniente para todos.

E Yo que tú no diría nada a nadie y estaría con las dos a la vez.

F Después de la separación, debería pasar una pensión a su mujer y establecer visitas semanales a los niños.

Su madre .... ☐	Su amante .... ☐
Un consejero matrimonial .. ☐	Su abogado .... ☐
Un buen amigo .... ☐	Un solterón .... ☐

3.1.3. 👥✏️ **Ahora, con tu compañero y usando las estructuras que acabas de ver, os vais a convertir en consultores sentimentales para responder a Aries.**

Querido Aries:

3.2. 👥🗣️ **Vamos a hacer, para practicar, un poco de terapia de grupo. Pídele consejo a tu compañero acerca de tus problemas y aconséjale también a él en los suyos. Son estos:**

alumno a

- Tienes que dar una conferencia y estás muy nervioso.
- Te has peleado con tu pareja por una tontería.
- Te has enamorado de la pareja de tu mejor amigo.
- Necesitas unas vacaciones pero no sabes dónde ir.
- En tu casa hay un fantasma, las cosas se cambian solas de sitio y se oyen pasos y voces.

alumno b

- Tu madre y tu suegra se llevan fatal y os fastidian todas las fiestas familiares.
- Mañana tienes una entrevista de trabajo y estás histérico.
- Has tenido un accidente con el coche de tu jefe; tú estás bien, pero el Mercedes, siniestro total.
- El vecino de arriba es terriblemente ruidoso.
- Has descubierto que tu mejor amigo tiene problemas con el alcohol.

3.3. 👤 🎧 **Volvemos de nuevo al consultorio radiofónico de Consuelo Desgracias para**
[41] **escuchar la carta de otra oyente. Marca si la frase es verdadera o falsa y justi-**
fica tu respuesta.

	Verdadero	Falso
1. Ha escrito porque está desesperada y necesita consejo.	☐	☐
2. Se sentía deprimida y sola debido a problemas de salud.	☐	☐
3. Su madre le decía que debería casarse con un hombre inteligente.	☐	☐
4. Ella no tuvo en cuenta si estaba enamorada o no.	☐	☐
5. Actualmente se siente enamorada.	☐	☐

3.3.1. 👫 ✏️ **Ahora, escribid los conse-**
jos que creéis que le va a dar
Consuelo Desgracias.

> Vuestros consejos

3.3.2. 👤 🎧 **Escucha la audición con la**
[42] **respuesta de Consuelo**
Desgracias a "Una deses-
perada" y escribe los con-
sejos que le da para com-
pararlos luego con los que
habéis escrito vosotros.

> Consejos de Consuelo Desgracias

4 Imaginaba que **sería**...

4.1. 👤 📖 **Este fragmento de la novela *Palinuro de México* es lo que estaba leyendo el**
cliente que estaba sentado cerca de la puerta del bar.

El ejecutivo hogareño compondría las puertas con su Black and Decker y pintaría la escalera con sus brochas Fleetwood empapadas en su pintura Marlux; dijo que se iría al campo a pescar truchas con sus cañas Mordex mientras escucharía su radio portátil Sony; aseguró que dedicaría el fin de semana a estudiar sus lecciones de idiomas por correspondencia Berlitz, mientras escucharía los últimos envíos del Club de Discos Columbia; entretanto, las muchachas se darían baños de sol con sus bikinis Jansen y se broncearían con sus lociones Sun Tan. No deseando Estefanía quedar-se a la zaga, afirmó que se dedicaría a las labores propias del hogar lavan-do los cacharros con Fairy líquido, limpiando la bañera con Ajax, lavan-do la ropa en su lavadora Hotpoint con jabón Persil...

Palinuro de México, Fernando del Paso

144 ▦ [ciento cuarenta y cuatro]

UNIDAD **11** • PRISMA

4.1.1. 👤 ✏️ **De las funciones que puede tener el condicional simple, ¿cuál crees que cumplen los verbos de este texto?**

☐ Dar consejos

☐ Expresar probabilidad en el pasado

☐ Expresar cortesía

☐ Expresar deseos en presente

☐ Expresar una acción futura en relación a un pasado

4.1.2. 👥 💬 **Decide junto a tus compañeros en cuáles de las frases que siguen el condicional cumple esta misma función:**

☐ 1. Manuel dijo que vendría a las 8.

☐ 2. Me gustaría terminar hoy este trabajo.

☐ 3. Sabíamos que lo harías bien.

☐ 4. ¿Podrías ayudarme a cambiar la mesa de sitio?

☐ 5. Deberías fumar menos.

☐ 6. Pensaba que la casa sería más bonita.

☐ 7. Yo, en tu lugar, no me lo compraría.

☐ 8. ¿Te importaría bajar un poco la música?

☐ 9. Alfonso me comentó que se marcharía lo antes posible.

☐ 10. Dejé el dinero donde pensaba que no lo encontrarían.

4.1.3. 👤 ✏️ **Ya sabes cuál es la función y tienes varios ejemplos, ¿por qué no haces tú mismo el cuadro funcional?**

Usamos, también, el condicional simple para: _____

Ejemplos:

– _____

– _____

– _____

4.1.4. 👥 💬 **Explica por qué Estefanía, la protagonista del texto que has leído, se siente acomplejada frente al ejecutivo o a las muchachas que toman el sol.**

4.2. 👤 🎧 **A continuación, vas a escuchar a varias personas que hablan sobre su vida, de lo**
[43] **que imaginaban que sería de ella cuando eran niños y de lo que realmente ha sido. Toma nota primero de lo que esperaban de la vida debajo de _Pensaba que_.**

	Pensaba que...	Sin embargo...
1.		
2.		
3.		
4.		
5.		

4.2.1. [43] Vuelve a escuchar, pero ahora fíjate qué ha sido de la vida de estas personas y toma nota de ello debajo de *Sin embargo*.

4.2.2. Comparad lo que esperaban y lo que ha sido, y comentad cómo creéis que se sienten estas personas y, si es necesario, imaginad qué podrían hacer para sentirse más satisfechas.

4.3. Y tú, cuando eras niño, ¿cómo imaginabas que sería tu vida? Escríbelo y, luego, cuéntaselo al resto de la clase. Comparad lo que pensabais llegar a ser y lo que sois.

Cuando era pequeño imaginaba que de mayor...

5 En la **farmacia**

5.1. ¿Te acuerdas del personaje que entró en el bar con tan mal aspecto? Pues aquí lo tienes de nuevo, en una farmacia. Pero antes de ocuparnos de él, averigua, relacionando las imágenes con los nombres, cómo se llaman estas cosas que puedes comprar en una farmacia.

a. Venda 4   c. Jarabe 2   e. Algodón.......... 7   g. Alcohol 6

b. Jeringuilla........ 8   d. Supositorio...... 5   f. Aspirina 1   h. Tirita 3

5.1.1. Ahora te damos las definiciones, relaciónalas con los nombres y las imágenes.

1	Venda •	• a	Sirve para poner una inyección
2	Algodón •	• b	Sirve para limpiar una herida
3	Jeringuilla •	• c	Sirve para proteger una herida
4	Aspirina •	• d	Sirve para desinfectar una herida
5	Jarabe •	• e	Sirve para quitar el dolor de cabeza o muscular
6	Alcohol •	• f	Lo tomamos cuando estamos enfermos
7	Supositorio •	• g	Nos lo ponemos cuando estamos enfermos
8	Tirita •	• h	Con ella envolvemos una parte del cuerpo para protegerla

5.2. 👥🗨️**(BLA)** **Aquí tenéis el diálogo que han mantenido nuestro personaje y el farmacéutico, pero, ¡atención!, está desordenado, así que ordenadlo.**

8 ——————**Cliente:** Pues... una caja de aspirinas también.

7 ——**Farmacéutico:** Aquí tiene. ¿Necesita algo más?

6 ——————**Cliente:** Muy bien. Voy a llevármelo.

4 ——**Farmacéutico:** ¿Pastilla normal o efervescente?

○ ——————**Cliente:** Preferiría efervescentes. ¿Cuánto es todo?

1 ——**Farmacéutico:** ¡Buenos días! ¿Qué quería?

2 ——————**Cliente:** Verá, es que tengo mucha tos y me duele la garganta, ¿podría recomendarme algo eficaz?

○ ——**Farmacéutico:** 5´54 euros.

V ——————**Cliente:** ¿Le importaría repetirme la dosis?

3 ——**Farmacéutico:** Sí, desde luego. Yo que usted tomaría este jarabe. Una cucharada cada ocho horas.

V ——**Farmacéutico:** Una cucharada cada ocho horas, cada ocho horas, ¿eh? Tres veces al día es suficiente.

5.2.1. 👤🎧 **Ahora vais a escuchar el diálogo, comprobad si lo habéis ordenado correcta-**
[44] **mente.**

5.2.2. 👤✏️ **Contesta a estas preguntas sobre el diálogo; si es necesario, vuelve a escucharlo.**

1. ¿Qué dosis de jarabe debe tomar cada día? ....

2. Escribe la frase que utiliza el farmacéutico para dar consejo al cliente: ....

3. ¿Qué tipo de aspirinas quiere comprar? ....

4. Escribe la frase que utiliza el cliente para pedir consejo al farmacéutico: ....

5. ¿Qué síntomas tiene el cliente? ....

5.2.3. 👤✏️ **Escribe en el cuadro funcional las fórmulas de cortesía que han aparecido en el diálogo y pon algunos ejemplos.**

• También, con el condicional simple, expresamos a menudo cortesía para con nuestros interlocutores. Esto depende, por supuesto, del grado de confianza que tengamos con ellos y de la situación en la que estemos. No es lo mismo hablar con un desconocido que con un amigo y, a un amigo, tampoco es lo mismo pedirle prestados 30 euros que 300. Fíjate:

   – *¿Puedes dejarme 30 euros? Mañana te los devuelvo.*
   – *¿Podrías dejarme 300 euros? Es que me hacen mucha falta.*

• La diferencia, en este caso, la marca el tiempo verbal; en otros casos, se marca con fórmulas de pura y simple cortesía, y con *tú* o *usted*. Mira:

   – *Por favor, ¿puede cerrar la puerta?*
   – *¿Puedes cerrar la puerta?*

• Escribe ahora tú las fórmulas de cortesía que conoces y sus ejemplos respectivos:

   ....
   ....
   ....

5.3. 👤 ✏️ **Estás en un país lejano. Has perdido las tarjetas y no tienes dinero. Debes pagar el hotel mañana por la mañana. Escribe un correo electrónico a estas dos personas contándoles tu situación y pidiéndoles ayuda. Ten en cuenta la relación para el uso de las formas de cortesía.**

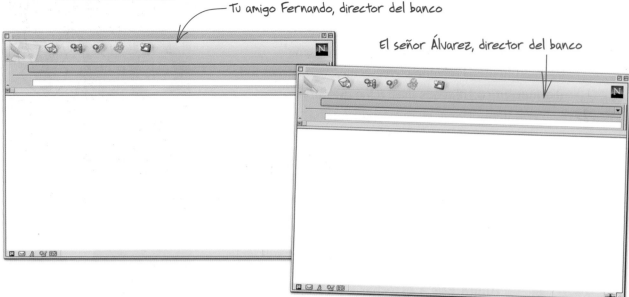

Tu amigo Fernando, director del banco

El señor Álvarez, director del banco

5.4. 👥 💬 **Pide a tu compañero que realice estas acciones para ti. Podéis ampliar las conversaciones y representarlas después ante toda la clase.**

Ejemplo: Necesitas recoger un análisis de sangre en la farmacia.

> **Alumno A:** *¿Podrías recogerme el resultado del análisis de sangre?*
> **Alumno B:** *Si tengo tiempo, paso luego.*

alumno a

1. Tienes que ir al taller mecánico a recoger el coche. Como tienes el brazo escayolado, no puedes ir. Pides a tu hermano que vaya.

2. Piensa en recuerdos que puedes comprar de tu país y aconseja a tu compañero.

3. Vas por la calle buscando una farmacia. Pides a un peatón que te explique cómo llegar a la más cercana.

4. Tienes alergia al chorizo. No puedes acercarte a uno porque te llenas inmediatamente de granos.

alumno b

1. Tu hermano te pide que vayas al taller a recoger su coche, pero hoy no tienes tiempo.

2. Vas a ir de vacaciones al país de tu compañero. Pídele que te dé ideas de los regalos que puedes comprar.

3. La farmacia está al lado de una cafetería que tú conoces. Explica cómo llegar.

4. Necesitas un trozo de chorizo, pero no puedes ir a comprarlo porque estás preparando la comida. Pídele amablemente a tu compañero de piso que baje por ti.

AUTOEVALUACIÓN   AUTOEVALUACIÓN   AUTOEVALUACIÓN

1. **Escribe las funciones del condicional simple que has estudiado en esta unidad.**

2. **¿Cuál de ellas te ha resultado más difícil y necesitarías seguir practicando?**

3. **Hasta ahora, cuando entrabas en una tienda o te dirigías a personas desconocidas, ¿qué fórmulas de cortesía empleabas?**

4. **Intenta explicar por qué usamos el condicional al dar consejos con las estructuras: *yo que tú, yo en tu lugar...***

AUTOEVALUACIÓN   AUTOEVALUACIÓN   AUTOEVALUACIÓN

Unidad 12

Contenidos funcionales
- Pedir y conceder permiso
- Expresar prohibición
- Dar consejos o recomendaciones
- Dar órdenes o instrucciones
- Expresar deseos o peticiones
- Invitar u ofrecer

Contenidos gramaticales
- Imperativo afirmativo
- Imperativo negativo
- Morfología del presente de subjuntivo
- Introducción a los usos del subjuntivo

Contenidos léxicos
- Las tareas domésticas
- La vida familiar: normas de convivencia
- Aprender un idioma

Contenidos culturales
- Literatura: Ricardo León
- Paseo musical por el mundo hispano

1 **Mirad** a la cámara, **sonreíd**...

1.1. 👥 💬 **Mira la foto y determina quién es quién en esta familia.**

a. Juan (hijo).. ☐

b. Sr. García (padre)................................. ☐

c. Sra. García (madre) .... ☐

d. Bruno (estudiante extranjero) .... ☐

e. Carmen (hija) .... ☐

1.2. 👤 📖 **Bruno es un estudiante extranjero que ha llegado a Valladolid para estudiar español. Vive con una familia, los García, pero todavía no tiene confianza con ellos y pide permiso para todo. Relaciona sus peticiones con las respuestas que le dan.**

4. Necesito ducharme, ¿les importa?

5. Tengo que mandar un e-mail, ¿es posible?

6. He olvidado traerme espuma de afeitar. Juan, ¿te importaría dejarme la tuya?

3. ¿Me permiten llamar un momento a mis padres?

1. ¿Puedo abrir la ventana?

7. Estoy muy cansado del viaje, ¿podría acostarme un rato?

2. ¿Podría cargar la batería del móvil?

8. Tengo mucha sed, ¿puedo tomar un vaso de agua?

a. Claro que no, usa esta toalla. .... ☐

b. Sí hombre, marca primero el prefijo 00. .... ☐

c. Sí, tranquilo, vete a tu cuarto, te avisaremos para l. comida. .... ☐

d. Sí, ábrela, ábrela, que hace calor. .... ☐

e. Por supuesto, ven a mi cuarto, allí está el ordenador. .... ☐

f. Enchufa el cargador ahí. .... ☐

g. Cógela, está en el mueble del baño. .... ☐

h. Claro, Bruno. Mira en la nevera, que hay refrescos también. .... ☐

1.2.1. 👥 ✏️ **Bruno ha pedido permiso de diferentes maneras. Escríbelas en la siguiente tabla.**

1.2.2. 👥 ✏️ **¿Qué modo verbal han usado los García en 1.2. para darle permiso a Bruno? Márcalo.**

☐ Indicativo

☐ Condicional

☐ Imperativo

Como ya viste en *Prisma Comienza*, este modo se usa no solo para dar órdenes, sino también para conceder permiso o denegarlo.

1.2.3. 👥 ✏️ **Pon todos los imperativos de 1.2. donde corresponda.**

regulares

irregulares

1.2.4. 👤 ✏️ **Vamos a ver si te acuerdas de las terminaciones del imperativo afirmativo. Aquí tienes una tabla, complétala.**

	habl-**ar**	le-**er**	escrib-**ir**
Tú			
Usted			
Vosotros			
Ustedes			

1.2.5. 👥 ✏️ **Recuerda que el imperativo mantiene las irregularidades vocálicas del presente de indicativo. Ahora, clasifica los verbos de la tabla según su irregularidad y conjuga la segunda persona del singular: *tú* y *usted*.**

	e>ie	o>ue	e>i	u>ue	i>y
Volver					
Pedir					
Pensar					
Jugar				juega juegue	
Construir					
Empezar					
Contar					
Vestirse					
Huir					

1.2.6. Como ya sabes, hay otros verbos que también son irregulares en el imperativo afirmativo; algunas irregularidades son propias para la persona *tú*. Completa este cuadro con todas las personas del imperativo: *tú, usted, vosotros* y *ustedes*.

Ir	Venir	Salir	Tener	Hacer	Poner	Decir	Saber	Ser	Conocer	Oír
ve										
		salga								
	venid									
			tengan							

Conceder permiso

Sí, sí.	*Por supuesto.*	*Sí, hombre, sí.*
Claro que sí.	*Desde luego.*	*Vale.*

- Imperativo

  Cógelo, cógelo.

- Para conceder permiso de una manera restringida:

  Sí, pero + imperativo

  No, (mejor) + imperativo

  ▷ *¿Te importaría dejarme tu diccionario?*

  ► *Sí, pero devuélvemelo lo antes posible porque lo necesito para hacer la traducción.*

1.2.7. Ahora, imaginad, por un lado, que Bruno quiere pedir permiso para hacer otras cosas, ¿cómo lo haría? Tratad de usar estructuras o tiempos diferentes en cada caso. Por otro lado, pensad cómo responde la Sra. García a esas peticiones para concederle permiso.

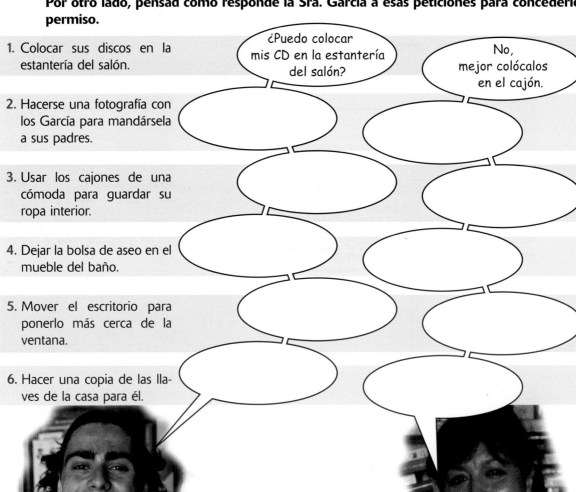

1. Colocar sus discos en la estantería del salón.

2. Hacerse una fotografía con los García para mandársela a sus padres.

3. Usar los cajones de una cómoda para guardar su ropa interior.

4. Dejar la bolsa de aseo en el mueble del baño.

5. Mover el escritorio para ponerlo más cerca de la ventana.

6. Hacer una copia de las llaves de la casa para él.

¿Puedo colocar mis CD en la estantería del salón?

No, mejor colócalos en el cajón.

2.1. Bruno, en su primer día, ha oído un montón de palabras y expresiones nuevas, todas sobre la casa y las tareas domésticas. Ayúdale a buscarlas en el diccionario y a clasificarlas en su cuaderno.

cajón • bolsa de aseo • cesto de la ropa sucia • pasar la aspiradora • poner la lavadora •
cómoda • plancha • trastero • mando a distancia • bajar la basura • planchar • sacar al perro •
regar las plantas • toalla • sábanas • quitar el polvo • maquinilla • hacer la compra •
tijeras • percha • horno • enchufe • tender la ropa • poner la mesa • cafetera • papel higiénico •
peine • hacer la cama • fregar • cacharros • sartén

TAREAS DOMÉSTICAS	ASEO	COCINA	DORMITORIO	APARATOS Y OTROS

2.1.1. [45] Escucha cómo la señora García le explica a Bruno algunas cosas de la casa; va a usar doce de las palabras y expresiones que acabas de ver en el ejercicio anterior, subráyalas.

2.1.2. [45] Escucha de nuevo, pero ahora toma nota de lo que dice la señora García sobre cada uno de los temas que tienes abajo. Fíjate especialmente en los imperativos.

La habitación	La ropa	Las comidas	La compra

2.1.3. 🧑 🎧 **Durante la conversación, Carmen le daba órdenes al perro. Cuatro de estos**
[45] **dibujos muestran la reacción de Balú a las órdenes de su ama, señala cuáles y escribe la orden.**

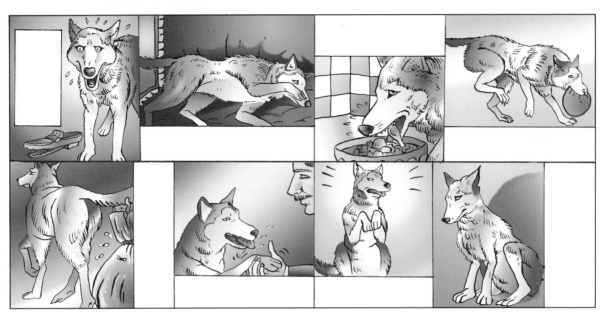

2.2. 🧑‍🤝‍🧑 📖 **Cuando Bruno ha vuelto de las clases de la tarde, ha encontrado estas notas en su escritorio; léelas y adivina quién ha escrito cada una.**

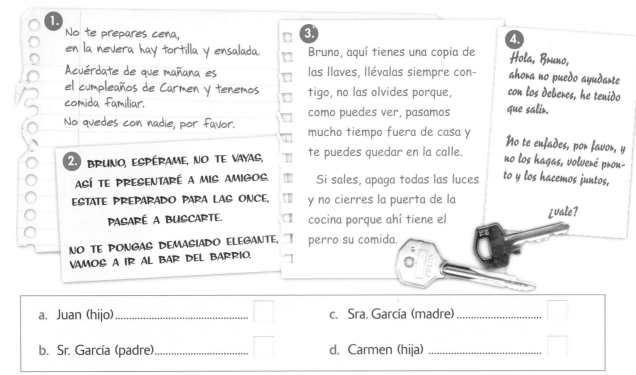

1. No te prepares cena,
en la nevera hay tortilla y ensalada.
Acuérdate de que mañana es
el cumpleaños de Carmen y tenemos
comida familiar.
No quedes con nadie, por favor.

2. BRUNO, ESPÉRAME, NO TE VAYAS,
ASÍ TE PRESENTARÉ A MIS AMIGOS.
ESTATE PREPARADO PARA LAS ONCE,
PASARÉ A BUSCARTE.
NO TE PONGAS DEMASIADO ELEGANTE,
VAMOS A IR AL BAR DEL BARRIO.

3. Bruno, aquí tienes una copia de
las llaves, llévalas siempre contigo, no las olvides porque,
como puedes ver, pasamos
mucho tiempo fuera de casa y
te puedes quedar en la calle.
Si sales, apaga todas las luces
y no cierres la puerta de la
cocina porque ahí tiene el
perro su comida.

4. Hola, Bruno,
ahora no puedo ayudarte
con los deberes, he tenido
que salir.
No te enfades, por favor, y
no los hagas, volveré pronto y los hacemos juntos,
¿vale?

a. Juan (hijo)...................................... ☐   c. Sra. García (madre)............................ ☐

b. Sr. García (padre)............................... ☐   d. Carmen (hija) .... ☐

2.2.1. 🧑‍🤝‍🧑 ✏️ **Observa que en estas notas aparecen órdenes, consejos, instrucciones..., tanto en forma afirmativa como negativa. Separa los imperativos en esta tabla.**

Imperativos afirmativos	Imperativos negativos

Imperativo negativo

Si quieres aprender rápido el imperativo negativo, solamente tienes que saber la forma del imperativo afirmativo de **usted**, y añadir una **-s** para **tú**, e **-is** para la persona **vosotros/as**.

$$\text{Usted coma} \begin{cases} + \textbf{s} \Rightarrow \textit{(tú) no coma}\textbf{s} \\ + \textbf{is} \Rightarrow \textit{(vosotros) no com\'a}\textbf{is} \end{cases}$$

Usted	Tú	Vosotros/as
trabaje más	*no trabaje-s*	*no trabajé-is*
venda más	*no venda-s*	*no vendá-is*
abra pronto	*no abra-s*	*no abrá-is*

¿Has visto? Los pronombres complemento, en el imperativo negativo, se ponen delante del verbo: *"No te vayas"*.

Recuerda que con el pronombre **os**, la **d** de la segunda persona del plural desaparece: ***"Sentaos"***.

2.3. **Bruno, que es muy empírico, ha practicado el imperativo negativo con Balú. Pon las frases en forma negativa y tendrás las órdenes que le ha dado al perro. ¡Ojo con los pronombres!**

1. Siéntate ....

2. Dame la mano ....

3. Coge la pelota ....

4. Ladra ....

5. Túmbate.......................................

6. Salta ....

7. Ponte a dos patas ....

8. Cómete los apuntes.......................................

2.4. **[46]** **Nuestro Bruno se pasa el día pidiendo consejo a sus profesores, quiere saber qué puede hacer para mejorar su español. Escucha los diálogos y toma nota, primero, solo de los imperativos afirmativos con que le aconsejan.**

Imperativos afirmativos	*Imperativos negativos*

2.4.1. **[46]** **Vuelve a escuchar, pero esta vez fíjate en los imperativos negativos y anótalos.**

2.4.2. **¿Estás de acuerdo con los profesores de Bruno? Comenta con tus compañeros qué consejos, por vuestra experiencia, os parecen más útiles.**

2.4.3. **¿Qué otros consejos puedes dar a tus compañeros sobre el aprendizaje del español?**

3 Pide un deseo

3.1.  Después de su primera clase en España, Bruno ha vuelto muy contento a casa. Hoy han estudiado en la escuela el presente de subjuntivo, pero cuando iba a hacer los deberes se ha dado cuenta de que Balú ha estado jugando con el cuaderno y le ha manchado y roto varias páginas. Ayúdale a reconstruir sus apuntes con la única hoja que se ha salvado.

Presente de subjuntivo

- **Terminaciones:**
  - Verbos en *-ar* ➡ *-e*
  - Verbos en *-er, -ir* ➡ *-a*

- **Verbos irregulares:**

  Si conocemos bien las formas del presente de indicativo, podemos deducir el presente de subjuntivo.

  – Las irregularidades vocálicas (**o>ue, e>ie, u>ue**) son exactamente iguales.
  – **e>i**, en subjuntivo, se mantiene en todas las personas.
  – Los verbos *dormir* y *morir*, además de la diptongación en **-ue**, cambian **o>u** en la primera y segunda persona del plural.
  – Las irregularidades consonánticas se repiten en todas las personas.
  – El presente de subjuntivo solo tiene cuatro irregulares propios: *ser, haber, ir* y *saber.*

Presente de subjuntivo

	habl -ar	com...	viv -ir
Yo	hable	coma	viv...
Tú	hables	comas	viv...
Él/ella/usted	hab...	coma	viv...
Nosotros/as	hab...	comamos	viv...
Vosotros/as	hab...	comáis	viv...
Ellos/ellas/ustedes	hablen	coman	viv...

Presente de subjuntivo irregularidades vocálicas

e>ie pensar	o>ue poder	o>ue dormir	e>i pedir
piense		duerma	pida
...enses		...ermas	pidas
...ense		...uerma	pida
...semos	podamos	...amos	pidamos
...enséis	podáis	...máis	pidáis
piensen	puedan	duerman	pidan

CONTINÚA ⚫⚫⚫

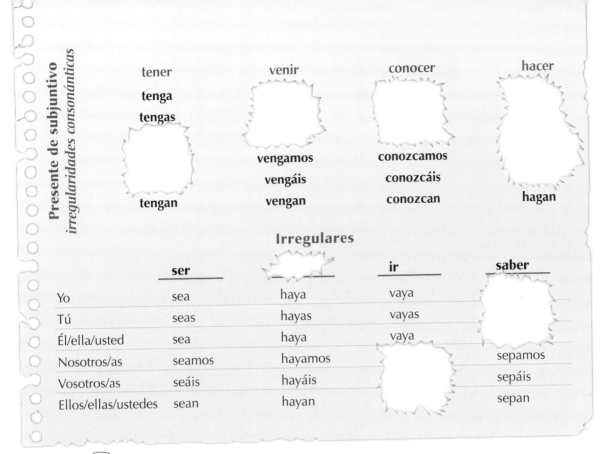

Presente de subjuntivo
irregularidades consonánticas

tener	venir	conocer	hacer
tenga			
tengas			
	vengamos	conozcamos	
	vengáis	conozcáis	
tengan	vengan	conozcan	hagan

Irregulares

	ser		ir	saber
Yo	sea	haya	vaya	
Tú	seas	hayas	vayas	
Él/ella/usted	sea	haya	vaya	
Nosotros/as	seamos	hayamos		sepamos
Vosotros/as	seáis	hayáis		sepáis
Ellos/ellas/ustedes	sean	hayan		sepan

3.2. Observa esta fotografía. ¿Qué te sugiere?

Ten cuidado, que te vas a quemar el pelo.

Pide un deseo, hija.

¡Sopla fuerte!

¡Diviértete y sé muy feliz, Carmen!

3.2.1. Mientras los demás se divierten en la fiesta, Bruno está muy pensativo: hoy no ha entendido bien la clase de Gramática. La profesora ha hablado de los usos del subjuntivo, de deseos, consejos, permiso, prohibición... ¡Un lío! Pero, de repente...

¿Deseos?

¿Consejos?

¿Ofrecimientos?

¿Invitaciones?

¿Prohibiciones?

¿Peticiones?

¡Un momento! Entre las funciones del imperativo están:

– Dar consejos o hacer recomendaciones
– Invitar
– Expresar permiso o prohibición
– Dar órdenes o instrucciones
– Expresar peticiones o deseos

3.2.2. 👥 📓 **Y para asegurarse, Bruno busca en su cuaderno ejemplos de cada una de estas funciones. Aquí tienes los que ha encontrado, clasifícalos según su función.**

1. Mira a la cámara y calla.
2. Prueba la tarta, está buenísima.
3. No te enfades, por favor.
4. Trabaja con alegría.
5. Dame la mano.
6. ¡No te comas los apuntes!
7. Sé feliz.
8. Tutéame, por favor.
9. No te pongas demasiado elegante, ¿vale?
10. Leed todos los días un poco, es conveniente.

- Dar consejos o recomendaciones ....
- Invitar ....
- Expresar permiso o prohibición............................
- Dar órdenes o instrucciones ..1..........................
- Expresar peticiones o deseos..............................

3.2.3. 👥 📓 **Bruno ha llegado a la conclusión de que con el imperativo siempre tratamos de influir en el ánimo o en el comportamiento de otras personas. Mirando de nuevo sus apuntes, ha relacionado esos verbos con las funciones del imperativo.**

1. Te prohíbo que...
2. Te pido que...
3. Te aconsejo que...
4. Te recomiendo que...
5. Te dejo que...
6. Deseo/espero que...
7. Te permito que...
8. Te sugiero que...
9. No quiero que...
10. ¿Te apetece que...

- Dar consejos o recomendaciones ....
- Invitar ....
- Expresar permiso o prohibición...
- Dar órdenes ....
- Expresar peticiones o deseos...

> Para dar consejos o recomendaciones, invitar, expresar permiso o prohibición, dar órdenes, expresar peticiones o deseos, se puede usar:
>
> · **Imperativo:**
> **Lee** *todos los días un poco.*
>
> · **Verbo** + *que* + **subjuntivo:**
> **Te aconsejo que leas** *todos los días un poco.*

3.3. 👤 ✏️ **Cada uno de los regalos que ha recibido Carmen llevaba una tarjeta llena de buenos deseos, pero ella estaba tan emocionada que sus lágrimas han emborronado algunos verbos. Son los que tienes en el recuadro; completa con ellos las tarjetas.**

> tener • ayudar • cumplir • gustar • disfrutar • ser • poder • dejar • saber • hacer • pasar

Hija, deseo que todos tus sueños se .... realidad y que .... escribirlo en las páginas de este diario, que, por cierto, espero que te ....

Mamá

HERMANITA, ESPERO QUE CON ESTA MINICADENA .... RATOS MUY AGRADABLES Y NO .... QUE VOLVER A USAR MI EQUIPO DE MÚSICA Y, YA PUESTOS, AUNQUE NO TE REGALO UN MÓVIL, TAMBIÉN ESPERO QUE, EN ADELANTE, ... DE UTILIZAR EL MÍO.

JUAN

CONTINÚA ⇢

Niña, espero que estos diccionarios te .... en tus estudios y que tus notas .... este curso tan buenas como las del año pasado. Quiero que .... que en este día te deseo lo mejor.

Tu padre

Carmen, ¡Felicidades! Espero que .... muchos más junto a la gente que quieres y, también, que .... con este libro.

Bruno

3.4. 👤 ✍️ **Juan y Carmen, al terminar la fiesta familiar, han decidido salir de marcha y han invitado a Bruno. Se lo han pasado tan bien que han vuelto a casa demasiado tarde. Bruno ha encontrado una nota del Sr. García. Léela.**

Deseo, Bruno, que te sientas como en tu casa, pero también quiero que sepas que tenemos unas normas de convivencia y te pido, por favor, que las respetes.

Debes saber que no permito que mis hijos beban alcohol, que salgan de noche entre semana, ni que duerman fuera de casa sin avisar. Espero que, si algún día piensas pasar la noche fuera, nos llames para decírnoslo.

También te pido que colabores en las tareas del hogar como uno más, que dejes tu cuarto siempre ordenado y que cumplas tus turnos en las tareas compartidas, ¿de acuerdo?

Puedes usar el ordenador y conectarte a Internet si lo necesitas, pero te ruego que lo hagas por la tarde, a partir de las cinco, que la tarifa es más baja. No quiero que entres en páginas web de pago.

En cuanto a tu estancia en nuestro país, te aconsejo que aproveches el tiempo, que visites los museos y que estudies nuestra cultura; también te recomiendo que comas en restaurantes típicos y que vayas al teatro; hay funciones muy interesantes. Seguro que tus padres no quieren que te gastes el dinero en bares y discotecas y esperan, igual que yo, que este viaje te enriquezca y sea una experiencia valiosa para ti.

3.4.1. 👥 ✏️ **Ahora, con tu compañero, selecciona en el texto las frases que indican:**

1. Orden ....

2. Deseo ....

3. Consejo ....

4. Petición ....

5. Prohibición ....

3.4.2. 👥 🗨️ **Estas son unas normas de convivencia muy comunes en la familia española. ¿Te parecen duras? ¿Es igual en tu familia? ¿En tu país?**

3.5. [icon] [icon BLA] En la clase de Bruno, hoy han hecho un debate sobre lo que está permitido y prohibido en sus países. Aquí tenéis parte de la información. ¿Por qué no la comentáis y la ampliáis hablando de las leyes de vuestro propio país?

Está prohibido en:

- **EE. UU.** que los menores de 21 años beban alcohol y que la gente fume en los lugares públicos.
- **España** que las tiendas vendan alcohol después de las 10 de la noche.
- **Brasil** que las bañistas hagan *topless* en las playas públicas.
- **Italia** que los votantes se abstengan en las elecciones.

Está permitido en:

- **EE. UU.** que los jóvenes conduzcan a partir de los 16 años.
- **Holanda** que la gente consuma drogas blandas en locales especiales.
- **Suecia** que los homosexuales contraigan matrimonio.
- **España** que las discotecas abran hasta las siete de la mañana.
- **Bélgica** que los médicos practiquen la eutanasia.

3.6. [icon] [icon] Igual que han hecho los compañeros de Bruno el último día de clase, escribid entre todos una carta con consejos, advertencias y sugerencias para los estudiantes que van a empezar a trabajar con *Prisma Continúa,* usando, por supuesto, el imperativo y el subjuntivo.

Queridos compañeros:

AUTOEVALUACIÓN

1. ¿Tienes en tu lengua alguna estructura o tiempo verbal que tenga las mismas funciones que el imperativo en español?

2. Piensa en tres funciones del imperativo que también se puedan expresar con subjuntivo y escribe ejemplos.

3. ¿Qué tienen en común imperativo y subjuntivo en español?

4. Para empezar a estudiar el subjuntivo, sus formas y usos, es muy importante que conozcas bien el indicativo. ¿Crees que ya estás preparado? Si no es así, ¿qué deberías revisar del indicativo?

Paseo musical por el mundo hispano

Contenidos funcionales
- Hablar de experiencias y valorarlas
- Describir lugares, cosas y personas
- Expresar gustos y preferencias

Contenidos gramaticales
- Contraste de pasados
- Adjetivos calificativos
- ¡Qué + adjetivo!
- Pronombres personales de objeto indirecto
- Verbos: *gustar, encantar...*

Contenidos culturales
- La música de España e Hispanoamérica

1. Steve es un estudiante de español que ha viajado por diferentes lugares de España e Hispanoamérica. A través de la música que vas a escuchar, y con la ayuda del mapa, marca el itinerario que ha realizado.

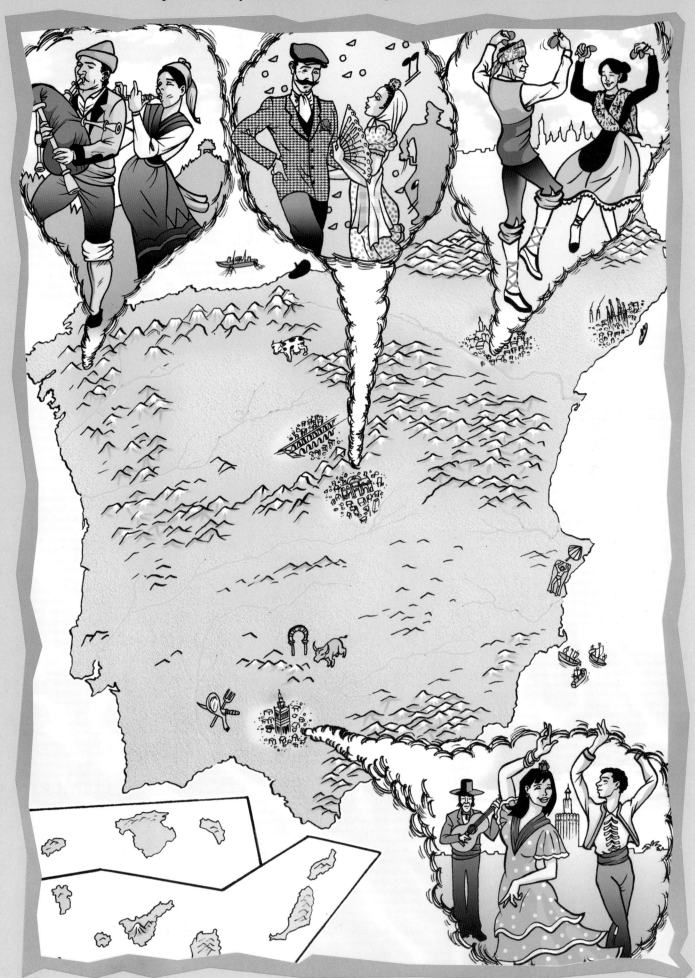

2. 🎵 **Vuelve a escuchar y comenta con tus compañeros cuáles son tus preferencias musicales.**